AF337423

SITUATION POLITIQUE

DE 1848

PAR M. L. DUTILH,

DÉPUTÉ DE LOT-ET-GARONNE.

PARIS

IMPRIMERIE DE LA CHAMBRE DES DÉPUTÉS

A. HENRY, RUE GÎT-LE-COEUR, 8.

1848

SITUATION POLITIQUE

DE 1848,

PAR M. L. DUTILH,

DÉPUTÉ DE LOT-ET-GARONNE.

SITUATION POLITIQUE

DE 1848,

PAR M. L. DUTILH,

DÉPUTÉ DE LOT-ET-GARONNE.

Honni soit qui mal y pense.

Lorsqu'on fait partie de la majorité, il est rare que l'on use de son droit constitutionnel, afin d'essayer de décrire l'actualité d'une situation politique. Cette initiative peut avoir ses ennuis : c'est une des charges de la liberté. L'opposition exploite, en quelque sorte, le monopole jaloux et tyrannique de la publicité. Pour elle, c'est moins une conviction qu'un négoce. Son influence s'amoindrit chaque jour par les exigences souvent inconciliables de cette situation complexe. Les précepteurs du genre humain ont droit au bénéfice de leurs œuvres, rien de plus juste; mais si l'élément commercial domine le haut enseignement des choses publiques, l'autorité de la doctrine ne se maintient pas longtemps. L'Opposition compte beaucoup sur la frayeur qu'elle inspire. Cette illusion estimable ne lui a jamais procuré, depuis cinq ans, le déplacement sérieux d'une seule voix à son profit. Quand on prend la liberté grande de combattre ses idées (je me trompe, je devais dire son ambition), il faut se résigner d'avance au rôle passif de la cible, et attendre de sang-froid la bordée des nombreux projectiles lancés avec fureur de presque tous les points de l'horizon politique. Le public, en définitive, reste le juge souverain de ces sortes de luttes. Ainsi, va pour les répliques de la presse; mais arrière ses jugements, s'ils n'étaient point rendus à charge d'appel.

J'écris sans passion; j'en excepte celle que m'a toujours inspirée l'amour de la liberté constitutionnelle et monarchique de mon pays. Loin de moi la pensée d'offenser qui que ce soit. Je traite rapidement des questions de choses et non de personnes. Ce qui pourrait ressembler, au premier aspect, à des allusions personnelles, ne s'adresse, en réalité, qu'au caractère général de chaque parti. Remarquez bien que je n'écris pas non plus pour vivre ; car, dans le cas contraire, je courrais sans doute le risque de mourir de faim. Ainsi, cette toute petite publication , à vous de la juger , à elle de se défendre. Aujoud'hui, on craint, pour ainsi dire, de s'asphyxier en li- sant les ouvrages sérieux et de longue haleine. Un trop grave narrateur, je le sais, est la bête noire de l'époque. C'est précisément dans cette considération que je crois trouver une excuse suffisante pour la forme et le ton de cette œuvre rapide. L'injustice, la mauvaise foi, les attaques violentes contre la majorité, expliquent et justi- fient des formes de style empruntées, quelque- fois, au cynisme de nos adversaires, pour les be- soins de la légitime défense.

Il existe actuellement, en France, un con- traste malheureux. C'est, d'une part, la nation soumise aux lois, libre, prospère, sincèrement dévouée au Roi et à son auguste famille, une paix profonde à l'intérieur et à l'extérieur, un Gou- vernement constitutionnel, régulier, libéral, modéré, conciliant, ayant conquis par une poli- tique habile, sage et ferme, la quadruple con- fiance du souverain, des Chambres, du pays et de l'étranger. De l'autre, une opposition systé- matique dans le parlement et dans la presse ; partiale, mesquine, simulant la passion, sophis-

tique, hétérogène, se compromettant étourdi-
ment avec les oppositions radicales qui ne lui
concèdent rien, sans programme connu, battue
sur le terrain des principes, refoulée dans la satire personnelle, le dénigrement universel, com-
promettante à l'égard de l'étranger, travaillant
sans relâche à fausser l'opinion publique, et en
pleine minorité dans les collèges électoraux. Pour
être triste, ce tableau n'en est pas moins exact.

Il suit de là que rien n'est moins surprenant
que le Ministère ne continue à conserver la majorité. Le fait est incontestable et incontesté ; l'opposition en convient : dès lors, je vous laisse à
penser combien la chose doit être certaine. La
durée du Cabinet, c'est son crime, sa corruption,
son humilité envers l'étranger, l'abaissement de
l'honneur national, et autres imputations tout
aussi calomnieusement absurdes, à l'adresse quo-
tidienne des consommateurs friands de cette
marchandise systématiquement frelatée. Cependant ce charlatanisme de l'exploitation des simples
par les habiles, incline vers sa fin ; la situation
tourne au revirement. L'abonné déniaisé se re-
tire du journal, comme on fuit une représentation dramatique dépourvue d'intérêt, de sens et
de vérité. Dans une conjoncture si critique pour
le journalisme, l'emploi des grands remèdes a

été décidé. Le spécifique du quart d'heure, c'est la surexcitation des passions politiques sur toute la ligne : une application permanente de sinapismes sur le large front de l'esprit public, saupoudrés d'une décoction de feuilles publiques , tiendra le sujet, jusqu'à prescription contraire, à un degré constant d'incandescence. Il est à remarquer que l'identité de situation est complète, entre les journalistes en baisse et les honorables en minorité. Cette communauté d'intérêts en souffrance a produit ces rapprochements singuliers, cette fraternité provisoire , ces banquets excentriques, cet omnibus d'opposants, en un mot, qui se meut actuellement comme un seul homme, pour aboutir, ni plus ni moins, à un simple changement du personnel gouvernemental. La curée des places pour les vertueux dynastiques , la contre-révolution pour les radicaux, telles sont les deux parts d'action de cette Babel d'opposants. Quant à un changement de système à formuler de la part des dynastiques, on se garde bien d'en dire un seul mot. Exposez-vous donc maintenant, pour une simple question de personnes, à vous surexciter à outrance, jusqu'au point de comparaître en police correctionnelle, en cour d'assises, devant un conseil de guerre ou devant la Chambre des Pairs, dans l'unique but de faire en sorte que l'honorable **M. Thiers** et compagnie ait la douce satisfaction de remplacer M. Guizot et ses collègues ! La soif ardente du pouvoir produit seule des aberrations et un genre particulier d'outre-cuidance, qu'on ne rencontre nulle autre part dans l'étude des passions humaines.

La surexcitation de l'esprit public, tel est, disons-nous, le thème à variations adopté par tous les opposants. Le mot d'ordre est donné ; tous les robinets de l'injure sont ouverts, et les grandes eaux de la calomnie joueront de plus belle, en douches centrifuges, sur le dos des Ministres, jusqu'à ce que retraite s'ensuive. Lorsque ceux-ci seront bien et dûment enfoncés (nouveau style), le procédé, reconnu bon, continuera à être appliqué à toute la ligne des successeurs, partout et toujours. De cette manière, la France sera, comme bien on s'en doute, de plus en plus tranquille, libre et prospère ; on s'abonnera davantage aux journaux politiques, ne serait-ce que pour savoir chaque matin le nom des personnages en droit de gouverner pendant la journée.

Cela posé, il va sans dire que M. Guizot n'aura jamais vendu si souvent la France à l'étranger ; circonstance précieuse qui explique naturellement la pauvreté de cet horrible Ministre. Le royaume de France passe cependant, avec quelque raison, pour un immeuble de grande valeur. Il faut donc que M. le Ministre des affaires étrangères soit bien mauvais vendeur, puisque le prix ne figure nulle part. Alors, c'est un incapable ; vite un successeur plus au courant de ces sortes de transactions politiques ; cela est gros d'évidence. D'un autre côté, vous avez déjà deviné qu'un service régulier sur Gand sera organisé avec toute la sollicitude du bon père de famille. Déjà les chefs de division de la direction générale des postes, et nos plus renommés messagistes, ont été officieusement engagés à donner leur avis sur la question. Ainsi, le voyage de Gand, par M. Guizot en personne, sera fréquemment reproduit, comme un besoin impérieux des circonstances graves où se trouve placée notre malheureuse France, par suite de la noire perfidie des conseillers de la Couronne.

Les Prussiens et les Anglais escorteront partout et toujours le criminel voyageur sur le sol de la Belgique. Un comité a décidé qu'on ferait dire au feu roi Louis XVIII, dans un document préparé *ad hoc*, que M. Guizot était allé le trouver à Gand, tout exprès pour lui conseiller le retour pur et simple au gouvernement absolu, dans le cas où les éventualités de la guerre lui ouvriraient, de nouveau, les portes de Paris. Bien que ce soit un mensonge, on donnera la préférence à la version en meilleure harmonie avec l'effet à produire, la surexcitation. Il a été démontré que la vérité était trop froide , trop honorable , et qu'elle ruinerait la manœuvre. Une bonne perfidie , mélancoliquement développée , se prête beaucoup mieux à l'effet du drame politique. Nous avons donc l'honneur d'annoncer au public que la comédie *des Interruptions belges* recevra sa seconde représentation. La chambrée devra être complète. Le lustre éclairera, de rigueur, cette séance réputée orageuse. On a judicieusement observé, au bureau des Longitudes, que la nuit favorisait beaucoup mieux , que la clarté du jour, les grandes joûtes oratoires, circonstance qui force presque de reconnaître que la lune est plus dramatique que le soleil. Les interrupteurs, désignés par la voie équitable du sort, auront étudié et répété secrètement leurs rôles dans un salon, muni de paravents simulant les coulisses. On va jusqu'à dire, cependant, que les comédiens bourgeois ont naïvement confessé à leurs amis que, pour eux, la grande difficulté consistait à ne point éclater de rire lorsqu'ils arrivent à la scène de l'indignation. Les bons comédiens sont fort rares partout. Mais chacun con—

vient que le bénéfice net de ces parades tombe principalement sous la plume vertueuse des journalistes. Ce jour-là, les *premiers Paris* sont véritablement renversants. L'abonné est allumé sur toute la ligne. On lui met le feu sous le double ventre de la corruption et de l'honneur national ignominieusement sacrifié. Par malheur, c'est un feu de paille qui dure à peine vingt-quatre heures, sans empêcher le désabonnement du lendemain. Ne perdez pas surtout de vue que, dans cette séance *à effet*, l'honorable M. Guizot sera atteint et convaincu d'avoir livré, à lord Wellington, deux mois d'avance, le plan de la bataille présumée de Waterloo. Il est probable qu'on sera redevable à l'habileté de ce moyen, d'une insurrection de tailleurs sur une vaste échelle métrique. Le merveilleux plaît au peuple. L'opéra de *Cendrillon* a eu plus de représentations qu'*Athalie* ; décidément, le genre bête opère des merveilles.

Cependant la pièce une fois jouée, chacun repoussera la responsabilité de l'action, vu qu'après tout, on tient, en définitive, à conserver sa considération personnelle. Il n'y aura nul inconvénient, par exemple, à prier les hommes politiques qui connaissent mieux que nous le pays de Pritchard, ne serait-ce que par les femmes, d'étudier avec soin la question de savoir s'il y aurait encore possibilité de se moquer des conservateurs et du public, en faisant honnêtement revivre les bouffonniers sur la reine Pomaré et l'apothicaire d'Albion. Un jeu de dominos, une pipe culotée, deux numéros d'un journal d'opposition, au choix, et trois bouteilles de bière, seront le prix de l'invention au profit des frères et amis. Les taquineries sans conséquence qui précèdent, échoiront en partage à M. Guizot, sous le lot n° 1.

Qant à l'honorable M. Duchâtel, des gens qui s'y connaissent beaucoup mieux que lui, seront chargés de lui fournir un traité, *ex professo,* sur les tarifs. L'opposition désignera un orateur qui aura la mission de donner régulièrement trois leçons de vertu, par semaine, à M. le Ministre de l'intérieur.

Il est bien entendu que la totalité des cachets pourra, un jour, égaler la présidence de la Chambre des Députés. La modestie et le désintéressement sont le glorieux apanage des citoyens vertueux abreuvés de longue main aux sources vives des monarchies démocratiques! La joute oratoire dont il s'agit mettra en relief les adverbes les plus ronflants de la langue française. Les échos du palais Bourbon rediront fidèlement, avec bonheur, après l'honorable préopinant, les mots

chéris : *honnétement, loyalement, consciencieuse-*
ment , libéralement , vertueusement , patriotique-
ment, et mille autres, dont la citation formerait
un volume ..... peu amusant. Pendant ce temps-
là, placés dans l'une des tribunes publiques, avec
autorisation, le triangle, le chapeau-chinois et la
grosse-caisse, détachés de l'orchestre de Mu-
sard, fourniront à l'orateur un accompagnement
sonore et continu, de nature à quintupler l'effet
oratoire. Les dames les plus élégantes (expression consacrée) envahiront presque toutes les tribunes ; les sténographes, y compris ceux du *Mo-*
niteur, n'auront jamais eu plus de distractions ;
la Chambre des Pairs usera en masse de son
droit en se rendant à la séance de la Chambre
élective ; pas un Député ne sera absent , et les
garçons de salle qui auront des billets , les pla-
ceront, ce jour-là, à un prix fabuleux. Quel spectacle plus imposant , en effet, que celui d'une
vaste intelligence aux prises avec les adverbes !!
Ce sera magnifique, et au scrutin , le Ministère
trouvera seulement quinze voix de plus, sur les-
quelles il ne comptait point. Alors nous marche-
rons encore plus directement vers les abymes ; les
libertés publiques ne seront plus sauvegardées, la
corruption se sera infiltrée dans le corps social pour
le dessécher comme une momie d'Egypte ; la Ré-

volution de Juillet sera manquée , et , selon l'usage, le maréchal Soult aura de nouveau perdu la bataille de Toulouse. Telle est la part de M. le comte Duchâtel, lot n° 2.

Pour ce qui est de l'honorable M. Dumon , Ministre des finances , le plan d'attaque contre son Département est arrêté d'avance. Il sera procédé à son égard moins parlementairement que par voie d'insinuation. On ira jusqu'à dire au creux de l'oreille de ceux qui les ont f t longues, que ce Ministre partage , en quelque sorte , avec la plupart des parties prenantes au Budget. Une double clef des caves de la Banque lui sera attribuée , afin que , nuitamment , un service de roulage , secrètement organisé , se livre , pour le compte de l'Excellence , à l'importation des écus à domicile. Le bruit se répandra que les bras du télégraphe, intelligents par procuration, lancent à ses agents et complices les secrets de l'Etat, afin de fixer le bonheur à leur profit dans le jeu des fonds publics. Après quoi, si l'opinion ne prend point garde à ces légères imputations , on avisera au moyen de mieux se mettre à sa portée. Des espiègleries du même genre n'épargneront point tous les autres Ministres. Ce qui précède constitue la part du dernier lot , n° 3.

Les amateurs de la logique incohérente apprendront avec plaisir, que le fameux Sorite de Siraneau de Bergerac, cité sur les bancs de l'école, recevra une application en plein parlement. En voici le texte, si ma mémoire me sert bien :

Le collège de Beauvais est le plus beau collège de France. Ma chambre est la plus belle chambre du collège de Beauvais : or, étant le plus bel homme de ma chambre, donc je suis le plus bel homme de France.

Application de ce sophisme :

D'anciens Ministres ont été déclarés coupables d'un délit ; MM. Guizot et Duchâtel sont Ministres : or, d'anciens Ministres ayant commis un délit, donc les Ministres actuels l'ont commis également.

Si la logique de l'Opposition, dans l'espèce, est meilleure que le galimatias qui précède, je veux (passez-moi l'expression) que le diable m'emporte, ou que la république me gouverne. Mais tâchons de parler sérieusement.

Des faits isolés, exceptionnels, peuvent être poursuivis comme des crimes ou des délits, et, en fin de cause, punis comme tels. Les coupables peuvent avoir occupé les postes les plus éminents ou les plus subalternes de l'Etat : ces choses ne sauraient raisonnablement être contestées. Mais ce qui est tout aussi évident, c'est qu'une complicité quelconque puisse jamais peser sur l'ensemble d'un Cabinet. Il faudrait être sans vergogne pour oser soutenir que, de nos jours, sous l'empire de la liberté la plus étendue, il fût possible de rencontrer une majorité dans les conseils de la Couronne, qui osât proposer d'ériger en système de gouvernement la corruption et la fraude. Pour ce qui me concerne, je ne ferai jamais cette injure à aucun Cabinet. Ce crime collectif est une véritable impossibilité. Prétendre le contraire, ce serait mentir, et reculer les bornes de l'effronterie.

On n'a jamais dit à l'Opposition et à la presse de nos jours, leur dissemblance énorme avec l'Opposition et la presse du temps de la Restauration ; indiquons rapidement ces différences.

Le Gouvernement de la Restauration, de 1814 à 1830, fut perpétuellement soupçonné, avec plus ou moins de fondement, selon les règnes, de vouloir confisquer la Charte. Pendant toute cette période, l'Opposition et la presse ne parlaient, n'agissaient qu'au nom de cette Charte, des lois du royaume et pour leur maintien. La polémique ne sortait jamais de ce cercle légal. L'opinion publique, cette reine du monde, pleine de confiance dans ce noble système de vérité, de sagesse et d'étroite légalité, lui accorda son entière confiance ; il n'en fallait point davantage pour être sûr du succès ultérieur. Les hommes de lettres les plus considérables, les publicistes, les savants, écrivaient dans les journaux de cette époque. On se cotisait dans les moindres localités, par exemple, pour un abonnement à la *Minerve*. Quand la brochure arrivait, l'on se rendait en foule dans un lieu convenu, et un des assistants en faisait la lecture à haute voix. Chacun tenait à son journal comme au code de sa religion politique. La polémique était grave, vigoureuse et toujours conséquente avec le principe du Gouvernement établi. L'éducation constitutionnelle des masses ne laissait rien à désirer ; elle était entièrement basée sur le respect réciproque et le maintien des lois ; aussi, personne n'ignore que, lorsque l'heure liberticide eut sonné, la révolution fit le tour de la France entière avec la rapidité de l'étincelle électrique. Pourquoi ? parce que la monarchie constitutionnelle, au mépris des serments prononcés à genoux devant le maître-autel de la cathédrale de Reims, avait été traîtreusement et stupidement rayée des tables de la loi.

Depuis 1830 jusqu'à ce jour (17 ans), l'Opposition et la presse n'ont pas cessé un seul jour de faire la guerre au régime légal, au nom de mille réformes contradictoires parties de tous les camps. L'élite des gens de lettres, les hommes d'État, les publicistes, les savants, ont déserté le journalisme ; les grands faiseurs d'aujourd'hui patronent et font faire des journaux, mais ils n'en font plus eux-mêmes. La faiblesse des rédactions, la maigreur des polémiques, l'irritation prise mal à propos pour de la force, ne révèlent que trop la présence des apprentis, et l'absence des maîtres. A Dieu ne plaise cependant que nous voulions prétendre que les jeunes hommes qui écrivent de nos jours dans les divers journaux, soient le moins du monde étrangers à la connaissance des secrets de l'art d'écrire. Non, telle n'est point notre pensée : nous croyons seulement que leurs devanciers dans ce difficile sacerdoce, les primaient en science, en maturité de talent et de jugement. Vous faut-il une preuve de cette vérité ? Je la puise dans l'actualité. Il est surtout trois journaux, abstraction faite de leur couleur, fortement pensés et très-habilement écrits : les *Débats, la Presse* et le *National.* Pourquoi cela ? La raison en est bien simple : c'est qu'à la tête de la rédaction de ces trois feuilles, se trouvent des hommes vieillis dans le métier, d'une instruction forte, variée, et initiés depuis longtemps à la théorie et à la pratique de toutes les grandes questions. En un mot, demeurez convaincu qu'un journaliste sérieux doit être autre chose qu'un homme de style. Aujourd'hui, dans les établissements publics, si l'on demande à lire des feuilles politiques, vous n'entendez que les mots sacramentels connus de tout le monde : « *Garçon, un journal quelconque.* » Ce peu de mots renferme, à mon avis, la plus amère satire du journalisme contemporain. Sa critique des choses et des personnes ne garde aucune mesure, aucune dignité. Lorsqu'il fait de la personnalité (hélas ! il ne fait presque point autre chose), il appelle cela *blaguer l'individu.* Il est telles attaques personnelles qui ont duré dix ans, sous le voile de l'anonyme. Franchement, la partie n'est point égale. La peur qu'inspire le journalisme est une des plus grandes calamités de la société française. Le bien qu'il fait est loin de compenser le mal. Chez nous, je ne connais point d'autre despotisme. A force d'abuser de l'arme du ridicule, le dédain public a fini par la briser dans des mains si peu loyales. Les mots *Charte de 1830* ne sont presque jamais prononcés à la tribune par les opposants, et vous les verrez rarement écrits dans les journaux de l'Opposition. Ah ! Messieurs, cette omission révélatrice a été plus utile que vous ne pensez aux divers Ministères de la monarchie de Juillet. Elle a prouvé à votre insu, jusqu'à l'évidence, que le pacte fondamental ne courait aucun danger. Retenez bien que l'immense majorité de la France n'ambitionne point autre chose, et que vos divers projets de réforme, qui n'ont rien de sérieux, ne la conduiront jamais à la pensée d'une contre-révolution. Pourquoi? parce que le pays est profondément convaincu que le grand roi qui s'appelle Louis-Philippe Ier, ne faillira jamais à la religion du serment, pas plus que son auguste descendance.

Maintenant, réformes de l'abbé Châtel, de l'abbé de Genoude, saint-simonisme, fouriérisme, socialisme, communisme, carlisme, républicanisme un et indivisible ou fédératif, agitez-vous dans tous les sens, écrivez, parlez, mentez, calomniez, vous ferez des dupes, vous continuerez à scandaliser les bons citoyens, mais, Dieu merci! on vous verra toujours impuissants à démolir ce qui a été patriotiquement et rationnellement fondé par la France constitutionnelle de 1830.

Les anciens Ministres du 1er mars s'ennuient! Ils s'attristent peut-être aussi. Quel dommage! Servez donc des portefeuilles à ces Messieurs. Cependant, la France a gardé un triste souvenir de leur pitoyable administration. Les fautes lourdes, les indécisions fatales, les inconséquences déplorables de ce Cabinet sont encore présentes à tous les esprits sérieux qui suivent la marche des gouvernements. La prescription de ces bévues n'est point encore accomplie ; dans tous les cas, il n'est pas inutile d'en faire passer sommairement les principaux actes sous les yeux de nos lecteurs.

La candidature du Cabinet du 1ᵉʳ mars ne craignit point de se recommander par l'exagération des avantages de l'alliance anglaise. On osa déclarer à la tribune que, pour renoncer à cette alliance, il faudrait que l'Angleterre eût tous les torts et que la France n'en eût aucun. De crainte que cette honteuse courtisanerie envers nos voisins fût considérée comme insuffisante, on se gêna assez peu pour conseiller, en plein parlement, le sacrifice de la puissance maritime de la France aux exigences de la supériorité britannique. Ma plume bondit sur le papier, en rappelant des opinions si peu françaises ! Les portefeuilles furent ainsi conquis. Le premier acte de nos bons rapports fut expédié à l'adresse de lord Palmerston. Les puissances continentales se trouvèrent, pour ainsi dire, mises à l'écart, comme si notre action sur l'Angleterre ne devait pas éternellement avoir son point d'appui sur le continent.

A l'intérieur, ce Ministère se prononça, à la tribune, en faveur de la réforme parlementaire,

en appuyant la proposition de l'honorable M. Remilly, en même temps qu'il faisait distribuer, dans
les bureaux de la Chambre, des billets pour son
enterrement, et qu'il expédiait à M. Guizot, notre
ambassadeur à Londres, l'assurance que la proposition Remilly n'aboutirait pas. Pendant cette
période ainsi tenue en partie double, la gauche
fut, jusqu'au bout, dupe et complice de cette pauvre politique. La célèbre définition de l'attentat
resta à l'état de promesse, ce qui n'empêcha point
la gauche de voter les fonds secrets. Amnistie,
conversion des rentes, tout fut systématiquement
promis, compromis et oublié. Le tempérament
que ce Ministère subit d'un Député sur la loi des
sucres, fit végéter l'industrie indigène, sans por-
ter un remède efficace à la ruine de l'industrie
coloniale.

Au-dehors, la maladresse et l'indécision mar-
quèrent sa politique. Les avances exagérées faites à lord Palmerston amenèrent le traité du 15
juillet. Ce n'est point avec du sentiment qu'on
règle bien ses comptes avec le Gouvernement anglais. Il faut savoir être positif, et rien *que positif*,
avec les négociateurs qui ne veulent pas être autre chose. D'ailleurs, chaque fois que lord Palmerston est au pouvoir, retenez bien qu'il faut
faire de l'alliance anglaise, en tenant constam-

ment la main sur le pommeau de son épée, après avoir allumé les mèches de ses canons. Dans l'espèce, on devait, de deux choses l'une, ou obtenir l'acceptation de Méhémet-Ali, ou signifier résolument à l'Europe qu'on aiderait ce prince à déchirer le traité. On ne s'arrêta franchement à aucun parti. De timides représentations, à la place de protestations sérieuses qui eussent fait hésiter les puissances, vinrent trahir la faiblesse du Gouvernement français. Des armements simulés et incomplets furent entrepris : la dépréciation de toutes les valeurs en fut la conséquence, et la hausse ne se fit remarquer que sur les salpêtres et les chevaux de blanchisseuses.

Le traité de Londres reçoit cependant son exécution. Les côtes de la Syrie sont déclarées en état de blocus. Le canon de l'Angleterre écrase Beyrouth. Les points les plus importants du littoral sont envahis par des troupes de débarquement. La montagne s'insurge ; Ibrahim est cerné ; le dénouement n'est que trop prévu. Dans cette conjoncture, que fait le Cabinet du 1er mars ? A peu près certain de quitter le pouvoir dans vingt-quatre heures, il embouche hypocritement la trompette guerrière, annonçant la guerre pour le printemps prochain. Tout en faisant l'aveu que la France *n'est pas prête à soutenir la lutte en ce*

moment, il demande à la commencer immédiate-
ment, en couvrant Alexandrie par la flotte, ce
qui ne pouvait évidemment se faire que par la
rupture du blocus et à coups de canons. Enfin ,
pour combler la mesure de la légèreté et de l'in-
conséquence, la flotte est rappelée à Toulon quelques heures plus tard. Dans quel but ?... Pour
faire la police des îles Baléares. Les plus facétieux
laissèrent échapper le mot conquête. Il fallait bien
finir par une sorte de pasquinade, après avoir débuté par tant de faiblesse. Deux conséquences
fort graves furent le résultat de cette juvénile politique, à savoir, la mise de la France hors du
concert européen, et un gros déficit. Et ce sont
précisément ces mêmes Ministres qu'il s'agit de
faire revivre. Mais, au préalable, faites donc
oublier au pays et aux Chambres l'histoire qui
précède.

Il n'existe, sérieusement parlant, que deux
grands partis dans la Chambre des Députés, comme dans les collèges électoraux : les conservateurs et l'opposition constitutionnelle. C'est, véritablement, un grand bonheur pour le pays. Entre ces deux grandes fractions qui partagent la
France sans la diviser, les dissidences profondes
sur les questions de principes et de système gouvernemental, sont une pure invention de l'esprit

de parti. Au fond, personne n'y croit. Dès lors ,
la chute du Cabinet n'est motivée que pour ceux
qui veulent devenir ou redevenir Ministres, pour
leurs amis, qui auraient personnellement quelque chose à gagner dans ce changement, et enfin pour les opinions extrêmes qui savent à merveille que, jusqu'à un certain point, l'instabilité
ministérielle, trop souvent répétée, implique va-
guement, aux yeux de la multitude, l'instabilité
dynastique. Convenons-en, il y a quelque chose
de fondé dans ce calcul : sachons l'empêcher de
réussir. Ainsi , à part les intéressés et les ennemis de nos institutions, le pays, dans l'état actuel
des choses, ne trouverait réellement qu'une perte
sèche dans un changement de personnes.

A toutes les époques de notre histoire parlementaire, les opinions les plus diverses ont été
représentées. Ce n'est point un mal, par la raison
que cette situation est la preuve irrécusable de
la liberté dans les élections. Le danger commen-
cerait seulement à partir du jour où le radicalisme ne serait plus en minorité, même fort exi-
guë. Il est des Députés qui, sous peine de non
réélection, ne sont pas libres de voter selon
l'inspiration de leur conscience. Pour ceux-là,
tranchons le mot, la fierté, les airs superbes d'indépendance sont une véritable gasconnade.

Les opinions radicales ont plus d'apparence que de réalité. C'est une manière comme une autre, et plus qu'une autre, de se donner de l'importance. De grands airs farouches et quasi-vertueux conviennent à certaines natures bilioso-prétentieuses. On doit en prendre son parti. Il est généralement reconnu que la variété dont nous parlons passe pour être tyran domestique, et d'un despotisme fort raide dans ses relations privées. Mais qu'importe, la théorie est pour ces Messieurs. *Périssent les colonies plutôt qu'un principe.* Le dernier mot de la civilisation politique leur appartient. Le genre humain se trouve encore une fois avoir perdu ses titres ; ils les détiennent patriotiquement dans leur blague à tabac, et les rendront quand il en sera temps. Fasse le ciel que le jour de l'échéance n'arrive jamais !

Il est curieux de remarquer comment existent parallèlement chez nous, avec la même force, le besoin de l'égalité et les petitesses de la vanité. C'est un des mystères de la légèreté du caractère national. Le bon Lafontaine, ce profond philosophe, a soulevé légèrement un coin du voile qui couvrait cette pauvreté, dans le vers suivant :

« Se croire un personnage est fort commun en France. »

L'esprit sérieux de Napoléon révéla encore

une fois sa profonde connaissance du caractère politique français, dans la réponse qu'il fit à l'un de ses Ministres, lui objectant l'impossibilité probable de rallier au système impérial un personnage républicain justement célèbre. L'Empereur, pour toute réponse, dit à son Ministre ce mot si connu : *J'en ferai un comte*. La chose eut lieu en effet. L'usurpation des titres et de la particule, que nous appellerons le *Lajobardiérisme*, est une maladie du caractère français. Sous l'administration du sage Colbert, on ordonna la recherche des usurpateurs de la noblesse. Il arriva que les traitants chargés de cette discussion se laissèrent corrompre par les faux nobles qui purent les payer, et les véritables furent tourmentés de mille manières. On rechercha les traitants eux-mêmes, qui trouvèrent le moyen d'échapper à la peine qu'ils méritaient. Il y avait donc aussi des corrupteurs et des corrompus sous le règne du grand Roi. Le soleil, comme on le sait, éclaire peu de nouveautés. Pendant l'exercice de leur profession, les bonnetiers, les architectes, les marchands de bas, les vendeurs de vins en gros, les tailleurs et les fabricants de chocolat parvenus, professent presque tous l'opinion dite républicaine. Une fois retirés, ces gros gaillards achètent un château, changent de nom, prennent un titre, achètent un jonc à pomme d'or, creusent le bas des reins, détachent le menton de la cravate, se mouchent fort, crachent loin, et adieu la république ! S'ils parlaient correctement le français, ces imbécilles pourraient rencontrer quelques dupes.

J'ai entendu parler d'une ville considérable de France, où ces burlesques parvenus constituent la portion la plus nombreuse du parti légitimiste. On est forcé de convenir que les Basiles de l'endroit exploitent les susdites âneries avec une remarquable habileté. Dans cette cité quasi-espagnole, un bottier, un marchand de parapluies, un bourgeois quelconque, un chapelier, un fils de marchand de chevaux, se proclament légitimistes. Ils courtisent la pratique aux dépens de la liberté de leur pays. Les pécores roturières ignorent que certaine opinion politique ne peut, sous peine d'un immense ridicule, être professée que par la classe anciennement privilégiée. Rien de plus désopilant, par exemple, que d'entendre un lourdaud de canton, suant la roture par tous les pores, dire en grasseyant un peu : « J'appartiens au parti honnête. » Le parti honnête est celui qui obéit aux lois, qui respecte et appuie, dans les questions vitales, le gouvernement constitutionnel du pays ; tout le reste est suspect de mauvaises ou imbécilles passions politiques à des titres divers. Sois donc, animal, du seul parti auquel tu puisses raisonnablement appartenir, et tâche de comprendre, une bonne fois pour toutes, que tu bats ta nourrice en te retournant idiotement contre les hommes et les principes de 89. Le jour où de simples biographies, avec production d'actes de naissance, viendront à paraître, je garantis que l'immense majorité de ces niais n'osera plus continuer des rôles si stupides ; en attendant, le vomi-purgatif du docteur Leroy est un drastique infiniment anodin, en comparaison des envies que vous donnent ces gens-là.

L'opinion républicaine n'existe chez nous que très-éparpillée, sans atteindre à la consistance dangereuse de l'état de parti. Soutenez le contraire, et qui que vous soyez, il vous arrivera, pour toute réponse, d'être soldé et salué par un formidable éclat de rire d'un bout de la France à l'autre. Nos quatorze cents ans de monarchie doivent vous enseigner, *filii brute*, comment il se fait que les mœurs politiques de la France sont forcément et essentiellement monarchiques. Une dénégation, multipliée par trois indignations, même vertueuses, ne détruirait point cette vérité.

La forme républicaine convient aux mœurs po-

litiques de notre pays, à l'étendue de son sol, à l'importance de sa population, à ses longues habitudes
de monarchie, comme la prodigalité à l'avare, les
actes d'héroïsme au poltron, la vertu au scélérat,
la guillotine à l'innocent, la confiscation des biens
au propriétaire, et les coups de bâton à la femme
nerveuse et sensible. Au point de vue purement
spéculatif, je comprends les esprits métaphysiques
qui se complaisent à se lancer dans l'immense
domaine du monde idéal, afin de jouer sans conséquence avec les thèses les plus hasardées du
droit public; mais revenir tout frais et gaillard
de ce monde-là, les mains caleuses, pleines de
paradoxes, d'utopies, pour nous en conseiller
l'application immédiate, en vérité c'est par trop
se moquer de la fidélité du citoyen, des répul-
sions invincibles du pays, des souvenirs de l'histoire contemporaine, et du bon sens public.

La République française s'est noyée dans le
sang répandu en 93 ; elle fera comme les morts
dont parlait le citoyen Barrère de Vieuzac, d'*ana-
créontique* mémoire, elle ne reviendra pas. L'hu-
manité et la liberté n'y perdront rien. Les publicistes à moustaches répondent gravement à cela,
que les mêmes excès ne se reproduiraient point de
nos jours, vu le progrès et la douceur des mœurs
publiques ; je ne partage pas cette opinion. Les

mêmes causes produiraient infailliblement les mêmes effets ; il y aurait même une aggravation de
plus, par la raison que les opinions de fantaisie
de l'ambition déçue et de l'amour-propre froissé
sont plus cruelles que les convictions du cœur.
Au demeurant, ceux qui ne savent pas distinguer
entre les mœurs sociales et politiques d'un peuple, ne me paraissent point pourvus de compé-
tence pour trancher des questions de cette nature.
Enfin, Messieurs les patriotes, dont les vertueuses sollicitudes daignent songer au remaniement
d'une propriété qui n'est point la vôtre, voulez-
vous de mon dernier mot? Le voici : la Restauration s'écroula, parce que, nonobstant le milliard
accordé aux émigrés, elle fut encore suspectée
de vouloir toucher aux biens nationaux. Cette
crainte, plus ou moins fondée, tourmentait l'esprit public. Pour les observateurs sérieux, ce fut,
quoi qu'on en puisse dire, le grand levier révo-
lutionnaire à l'aide duquel on renversa la branche aînée. Maintenant, quant à vous, réparti-
teurs empressés du bien d'autrui, vous êtes, à
tort ou à raison, véhémentement soupçonnés
d'en vouloir politiquement, à la fois, aux biens
nationaux et patrimoniaux. Vous n'aimez point
les distinctions, nous le savons ; la chose se comprend à merveille ; mais, si je ne m'abuse, tout

porte à croire que vos plans financiers aboutiront difficilement ; voici pourquoi : c'est que, pour 34 millions de Français, on ne compte que 46 millions d'hectares de terres imposables. D'après quoi, celui qui se trouve propriétaire de deux hectares, ou d'une valeur de 2,000 fr., est un véritable aristocrate de la richesse. Dans un pays où la propriété se trouve ainsi constituée, il demeure, par bonheur, peu de chances pour les révolutionnaires. Mais, au besoin, on ose monter à cheval et tirer son épée, dans la maison d'Orléans ! chez elle, le noble sang d'Henri IV n'a rien perdu de sa bravoure intelligente, humanitaire et chevaleresque. Savez-vous quelle serait, pour l'éventualité heureusement improbable à laquelle nous faisons allusion, l'armée qu'aurait à commander les jeunes princes de la dynastie de Juillet ? Vous allez le savoir : ces braves *généraux de vingt ans* marcheraient à la tête d'un million de baïonnettes sorties du tiers-état, qui feraient, comme leurs pères, mordre la poussière aux ennemis de l'intérieur criminellement incorporés dans les rangs des armées étrangères. La France d'aujourd'hui, aussi brave, aussi patriote, plus riche, plus populeuse, plus éclairée, sans ambition de conquête européenne, résoudrait infailliblement avec le même bonheur,

s'il pouvait être mis en question, l'insolent problème de son indépendance. L'hypothèse est gra-
tuite, je le répète, et tous les bons Français s'en
félicitent. A mon avis, je le dis sans méchanceté,
on a perdu le droit de s'intituler parti politique,
lorsque, du principe de l'égalité devant la loi, on
aspire à la transition immoralement anarchique
d'un nivellement impossible. La Cour d'assises
est le seul argument que l'on doive réserver pour
la tentative d'application de pareilles doctrines.
Danton et Robespierre repoussèrent le communisme. Vouloir dépasser ces démagogues, est un
crime amorti par le ridicule qui s'attache à l'impuissance.

Quant au parti légitimiste, c'est le plus dange-
reux des opposants radicaux, par la raison qu'en
définitive, il admet le principe monarchique.
Ce parti s'amoindrit et se rallie chaque jour. Il a,
ma foi! raison, car rien ne ressemble plus à une
monarchie qu'une monarchie ; c'est précisément
ce qui a été fondé par le grand évènement de
1830.

Cette opinion légitimiste compte dans les deux
Chambres des hommes considérables et habiles,
lesquels, abstraction faite du for intérieur, res-
pectent le gouvernement établi : il est malheureusement vrai de dire que les casse-cou du parti

(en très-petit nombre toutefois) rêvent un changement de dynastie. Le cynisme de ceux-ci ne reculerait devant aucun moyen. Leur expédient capital consiste à faire surgir l'anarchie, afin d'en user provisoirement comme d'un moyen forcé de transition, sauf à faire revivre l'ordre monarchique un peu plus tard. Ce serait le satanique du genre, si leur secret ressemblait moins à celui de la comédie.

L'ultra-royaliste est un type connu depuis longtemps. Sous tous les règnes, les hommes de ce parti se sont constamment montrés *plus royalistes que le Roi*. Ils caressent d'une manière incessante le rêve imbécille du retour de la féodalité, ruinant instinctivement le principe monarchique par l'exagération hypocrite de la servilité. Louis XVIII réagit contre eux et les contint par l'ordonnance du 5 septembre; il mourut sur le trône. Charles X, moins habile, s'abandonna aux impossibilités de leurs folies contre-révolutionnaires; l'exil devint la conséquence de cette tentative inconstitutionnelle. A peu d'exceptions près, la nullité radicale des ultra-royalistes les empêcha toujours de participer aux avantages des fonctions rétribuées. Telle est, à mon avis, la principale cause de leur constante opposition sous tous les régimes, obéissant à l'inspiration d'une incapacité jalouse.

Il est tel système simulé de liberté poussé à l'extrême, qui n'échappe à la honte que par le ridicule. Le bonnet retourné est rouge aujourd'hui, hier il était blanc ; cette dernière couleur, en définitive, est celle qu'il s'agit de faire revenir. Mais, bonnet rouge ou blanc, la France ne veut pas plus de l'un que de l'autre, et, proverbialement parlant, c'est, pour elle, du bonnet blanc ou du blanc bonnet ; merci, assez. Non, pas un curé de village, le moins capable, le plus entêté, le plus idiotement carliste, n'aurait le courage de soutenir publiquement pendant huit jours la burlesque facétie du suffrage universel. L'hypocrisie fait aujourd'hui très-peu de dupes, notamment dans le monde politique. Je connais, à mon tour, quelqu'un plus jésuite que les jésuites, hélas ! c'est à peu près tout le monde. Le métier ne vaut plus rien; les polices européennes ne font plus leurs frais. De nos jours, lorsque le radicalisme attaque les nobles et les prêtres (rien que ceux de l'étranger, entendez-vous), il a soin de dire les nobles et les *mauvais* prêtres. Ce correctif est un adorable progrès, qui eût excité autrefois *la grande colère* du père Duchesne. La bourgeoisie en France, comme chacun sait, est devenue la seule noblesse, par la vertu de sa baguette. Et vous ne demandez pas un brevet d'invention pour une pareille découverte? On voit bien que la modestie, en dehors des banquets réformistes, est la compagne obligée de la vertu et du talent.

L'alliance du radicalisme et du Lajobardiérisme n'entraînera jamais une contre-révolution. Les puérilités politiques ont, Dieu merci! des privilèges beaucoup plus restreints. Tant que vous verrez des hommes riches aller s'asseoir hardiment aux banquets du communisme, je vous garantis que ces beaux messieurs vous prouvent par cet acte, mieux que personne, l'impuissance avérée des démolisseurs théoriques du droit de propriété. Si le communisme n'existait point, il faudrait l'inventer, afin d'empêcher les honnêtes gens de se livrer aux pitoyables écarts de l'esprit de parti. Le chenapan lui-même peut, à son insu, fournir son contingent d'ordre public, d'une manière indirecte, par la frayeur salutaire qu'il inspire à l'homme niaisement repu et fatigué de sa prospérité : les oies sauvèrent le Capitole!... On a dit avec raison de certains légitimistes, qu'ils ne restaurent et ne renversent les trônes que dans leurs salons, les portes fermées. Pour ce qui est de leur principe de légitimité, *in sensu divino*, c'est la profanation du code divin et la risée de l'opinion publique. Aucun homme de quelque valeur, parmi les carlistes, n'a jamais osé se faire le champion d'une thèse si puérile.

Les bancs de l'extrême gauche sont tellement dégarnis, les principes qu'on prétend y être professés silencieusement rencontrent si peu de sympathie à la Chambre et dans le pays légal, qu'il devient inutile de traiter sérieusement ce qui n'a ni consistance ni avenir. Cette opinion prétend que la France marche avec elle : c'est un plagiat et une illusion.

Êtes-vous curieux de savoir comment on pensait, comment on écrivait sous la République française, une et indivisible ? Souffrez que je copie littéralement, pendant quelques minutes, quelques pages du publiciste progressif, moral, religieux, humanitaire et de bon goût, qui édifiait l'époque dont il s'agit sous le pseudonyme hideux du père Duchesne. Remarquez bien, qui que vous soyez, qu'une mère ne peut point en permettre la lecture à sa fille. Gare donc ! c'est de la boue et du sang.

« Braves sans-culottes, craignez comme le feu
« ces bavards à la journée, qui ne disent jamais
« ce qu'il faudrait dire, et qui disent toujours plus
« qu'il ne faudrait. Songez, f....., que vous êtes

« environnés de fourbes, de voleurs, de conspi-
« rateurs déguisés. Ceux qui, avant le 10 août,
« p..... le verglas dans la canicule, qui n'étaient
« ni chair ni poisson, qui ne parlaient que d'ordre,
« de paix, de modération, qui avaient toujours la
« langue miellée, se battent maintenant les flancs
« pour paraître républicains. Ces b....., qui n'a-
« vaient ni bouche ni éperon, et qu'on avait beau
« aiguillonner du matin au soir pour les mettre au
« pas sans pouvoir les remuer, s'emportent main-
« tenant comme une soupe au lait. Mais f....., ce
« qu'ils savent bien, c'est qu'il faut singer les pa-
« triotes, avoir un large pantalon, des moustaches
« postiches, une pipe à la gueule, à la place de cure
« dent, jurer ni plus ni moins que le père Du-
« chesne, au lieu de parlaiser du bout des lèvres.

« Cette b..... de canaille vient encore de
« nous donner un plat de son métier : aussitôt
« qu'elle a vu dénicher les saints d'or et d'argent
« de nos églises, elle a imaginé un nouveau coup
« de chien pour faire lever en masse tous les bi-
« gots et bigottes, tous les marguilliers et toutes
« les confréries du ci-devant royaume. Tandis,
« f....., que l'on célébrait la fête de la Raison dans
« son nouveau temple, les estafiers de Lafayette,
« qui, pendant quatre ans, ont forcé le pauvre
« Marat d'habiter avec les chauves-souris, les

« muscadins et muscadines des sections, qui
« étaient autant de Vendées avant le 31 mai, se
« sont tout-à-coup convertis, et ont voulu faire un
« dieu de l'ami du peuple, qu'ils ont sans cesse
« persécuté pendant sa vie. On a vu fête sur fête
« en son honneur, et la main qui regrettait de
« n'avoir pas été emmanchée au poignet de Char-
« lotte Corday, a osé brûler l'encens devant la
« statue du père des sans-culottes. Tonnerre de
« dieu ! il faut être aveugle pour ne pas voir
« clair dans cette b..... de marotte. Marat un
« dieu ! lui qui f..... des coups de poing aux vié-
« dases qui le flagornaient. Il n'avait pas plus
« d'envie d'avoir des autels que le sans-culotte
« Jésus, que les prêtres, malgré lui, ont appelé le
« fils aîné du père éternel, quoiqu'il se fût tou-
« jours appelé le fils de l'homme. Braves b.....
« qui chérissez le nom de Marat, imitez son
« exemple, mais ne souffrez pas que les musca-
« dins l'adorent pour le rendre méprisable, f.....

« Le père Duchesne est, comme on doit s'en
« douter, dans une grande joie d'avoir vu défiler
« la procession des Brissotins, des Girondins et
« des Rolandins, pour aller jouer à la main
« chaude à la place de la Révolution.

« Tonnerre de Dieu ! que de besogne nous avons
« fait depuis cinq mois ; mais la meilleure, f...,

« c'est d'avoir purgé la Convention des scélérats
« qui voulaient perdre la République. Tous ont été
« condamnés à aller rejoindre l'infâme Capet,
« qu'ils ont si bien défendu, et qu'ils voulaient
« sauver contre vent et marée. Les b......, qui
« se fiaient à leurs amis, et qui croyaient que
« leurs têtes tenaient si fort sur leurs épaules,
« que jamais on ne réussirait à les en séparer,
« ont encore fait un dernier effort pour jeter de
« la poudre aux yeux de ceux qui assistaient à
« leurs jugements, et pour les f..... dedans. Mais
« fin contre fin ne fait pas de doublure. Les
« sans-culottes ont mis en pièces la fausse mon-
« naie de ces coquins, et, de leur côté, ils ont
« crié, mais de bon cœur, f.....,Vive la Républi-
« que! Valazé, voyant qu'il n'y avait plus à re-
« culer, et qu'il fallait, bon gré mal gré, mettre
« la tête à la fenêtre, a tiré de sa manche à l'ita-
« lienne un poignard, et s'en est percé le cœur.
« Il ne faut pas, a dit l'accusateur Fouquet, que
« ce Jean-f..... échappe à l'infamie ; je demande
« que son corps soit traîné au lieu du supplice.
« Le tribunal l'a ordonné ainsi.

« Quoiqu'il fît un temps du diable, jamais f.....
« il n'y avait eu tant de foule dans les rues de
« Paris pour voir défiler ces coquins.

« Lepère Duchesne est dans une grande joie de

« voir la sainte guillotine aller au pas. Hors la
« sans-culotterie, point de salut. Tous les b......
« qui jusqu'à présent lui ont tourné casaque et
« qui ont voulu jouer au fin , se sont toujours
« cassé le nez.

« Quand j'ai vu les gredins de l'Assemblée
« Constituante manigancer leur b..... de consti-
« tution de Coblentz, et vendre le peuple au ty-
« ran, je me suis dit : Ce marché-là ne tiendra
« pas, c'est une lettre de change que le payeur n'a
« pas acceptée. Quand on compte sans son hôte,
« il faut compter deux fois. Quand les garnements
« de l'Assemblée législative, qui se croyaient les
« premiers moutardiers du pape, parce qu'ils
« avaient des têtes en façon de marc d'argent,
« suaient sang et eau pour achever l'ouvrage des
« gâcheux qu'ils avaient remplacés, je riais à
« gorge déboutonnée de leur sottise.

« Vous avez construit votre tour de Babel sur
« du sable mouvant, leur disais-je ; tout votre
« échafaudage va dégringoler, et vous allez être
« écrasés vous-mêmes sous les ruines de votre
« édifice. Les murs que vous voulez élever ne
« sont que de boue et de crachat. C'est à nous,
« f....., c'est aux sans-culottes qu'il appartient de
« trouver le tuc ; nous seuls avons entre les mains
« les matériaux propres à élever un temple à la
« liberté. C'est avec nos bras robustes qu'il sera

« construit ; c'est avec le sang des voleurs et des
« traîtres qu'il sera cimenté.

« Toutes les églises de Paris sont à peu près ré-
« duites au maximum de la simplicité. Plus de fer,
« plus de plomb, plus de cuivre, plus d'argent ni
« d'or. Les grilles dorées ont été converties en
« piques par les marteaux républicains ; les calices,
« les ciboires, les patènes, les saints-sacrements,
« sont au creuset de la Monnaie. Hier, ci-devant
« jour de dimanche, il y a eu un déficit de messes
« très-considérable ; à peine a-t-on célébré dans
« deux églises ces pieuses mascarades. »

Telle était, à cette époque, estimable lecteur,
et vous, délicate et sensible lectrice, la mélanco-
lique polémique des premiers-Paris. La *sainte
guillotine*, indivisiblement unie à la confiscation
des biens, vous inspirerait-elle une sympathie
quelconque ? Le doute me semble permis. Vous
savez que l'Europe se défendit à coups de canon
contre les félicités promises par un si vertueux
système. N'oubliez point qu'aussi longtemps que
le monde attachera quelque importance à la con-
servation de l'honnêteté publique, de la forme
monarchique, de la vie et de la propriété, la ré-
pulsion publique puisera chaque jour une nouvelle énergie contre la boucherie de chair humaine
d'un système hideux qui gouverna la France
avec le couteau de la guillotine. On ne commettra

pas deux fois, chez nous, la lâcheté de subir l'intronisation d'un pareil brigandage.

Personne n'ignore que dans le centre gauche, vit et se meut le bataillon sacré de l'honorable chef du 1er mars. La gauche, dite dynastique, s'y est, à peu d'exceptions près, laissée encadrer fort docilement, enseignes des rosières déployées. Ce sont des dragons de vertu théorique. Tant que le pouvoir ne tombera point dans leurs mains, les hommes qui le détiennent seront corrupteurs, et ceux qui les appuient seront des corrompus. L'honnêteté de cette calomnie se solde déjà partout au moyen du léger sourire précurseur de l'incrédulité. L'ambition qui fait de la vertu indignée, est une mauvaise plaisanterie rencontrant peu de prosélytes. Toutefois, cet encadrement, corps et ame, des puritains dans les rangs des anciens ministériels, est un véritable progrès, au point de vue conservateur; car, après tout, outre l'immense souplesse de son talent, l'honorable chef du 1er mars est un homme de résistance et de gouvernement. Mais s'est-il tout-à-fait corrigé de ses préjugés politiques, tant soit peu enfantins ? N'aime-t-il plus à jouer aux soldats? Sa plume habile est-elle moins éprise de la description technique des batailles, et le Ministre résisterait-il facilement à préparer d'éloquentes pages pour l'historien? Cela se peut; on ne s'y fie point encore. Enfin, parviendrait-il à discipliner ses nouveaux auxiliaires? Il est, ce me semble, permis d'en douter. Le bon sens de l'honorable chef du 1er mars a cessé de l'inspirer, le jour où il a malheureusement résolu de jeter le Gouvernement dans la gauche. L'homme d'État prudent et sérieux attend de connaître, par des actes gouvernementaux plus nombreux, le caractère d'un parti politique, avant que de l'admettre au partage futur du pouvoir. Il est douteux que le pays légal consente à se placer sur un terrain si périlleux. Quoi qu'il en soit, tout nouveau Ministère, n'importe les circonstances et l'époque de son avènement, sera toujours forcé de compter avec le parti conservateur. Ce parti a fait trop de bien à la France pour être, en peu de temps, largement décimé. Son assimilation au mobilier du palais Bourbon est la calomnie de son caractère politique. L'épigramme, même spirituelle, ne convertit personne. Pour ce qui est de l'injure, elle rive au drapeau les hommes les plus plats. Une satire célèbre acheva de consolider le cabinet actuel. En dépit de l'adage: *nolite audire prophetas,* j'ose prédire un abandon forcé des fractions de la gauche, de la part d'un Ministère quelconque, destiné, je ne sais quand, à remplacer les hommes du 29 octobre.

Le tiers-parti n'a jamais existé réellement; c'est une création honnête et idéale de nos grands classificateurs politiques. Si ce parti existait, il serait forcément un appoint de majorité vivement recherché par les grandes fractions du parlement. Sa place serait fatalement marquée sur les bancs équivoques où commence la majorité et où finit l'opposition. Mais, je le répète, ce parti du contre-poids n'a jamais existé.

Pourquoi ne pas mentionner aussi les conservateurs progressistes, ainsi baptisés par l'Opposition, pour cause connue de tout le monde? Je ne me doute point, pour ma part, des découvertes politiques que ces messieurs nous tiennent en réserve; cependant, il est probable que le petit nombre de ces novateurs inoffensifs décroîtra en raison directe de la vitalité présumée du Cabinet. Certains d'entre eux aspirent, dit-on, au portefeuille. C'est vouloir, tout simplement, commencer par la fin du petit nombre des élus.

« Quand on prend du galon, on n'en saurait trop prendre. »

Pitt devint Ministre fort jeune, c'est vrai; mais il est des hommes qui courent le risque de ne le devenir jamais, précisément parce qu'ils veulent le devenir trop tôt.

« *Ne forcez point votre talent,*
« *Vous ne feriez rien avec grâce :*
« L'assaut du pouvoir, quoi qu'on fasse,
« Pour réussir, doit être lent. »

Il est à peu près certain, malgré tout, que ces divers éléments hétérogènes que nous venons de signaler, extrême gauche, gauche dynastique, centre gauche, extrême droite, voire peut-être les conservateurs, progressistes, continueront à voter contre le Ministère. C'est la coalition qui n'a point encore terminé son parcours. La chose n'ira pas loin. Les relais sont fatigués, haletants, rebutés, vu que les picotins d'avoine se font attendre trop longtemps.

Le Ministère, quoi qu'il en soit, doit s'attendre à des attaques très-vives. Les mêmes moyens seront reproduits, car chacun sait que la politique de l'Opposition n'est pas un magasin de nouveautés. Sous ce rapport, le Cabinet n'a point à redouter l'imprévu. La narration la moins ambitieuse du succès de ses dernières négociations en Italie, en Espagne et en Grèce, sans faire entrer en ligne de compte tous les autres triomphes de la politique conservatrice, suffira pour faire bonne justice des déclamations mensongères concernant la corruption systématique et le soi-disant abaissement de notre influence exté-

rieu e. En France, *Monsieur Crédule* est un personnage devenu fort rare. Entre le public et
l'Opposition,

« Le plus dupe des deux n'est pas celui qu'on pense. »

Vous comprenez aussi qu'il va sans dire que
la mise en scène de la double réforme électorale
et parlementaire sera de nouveau reproduite :
c'est la base capitale du répertoire. Les deux
réformes sont à l'Opposition, comme Robert-le-
Diable et Guillaume-Tell à l'Académie royale de
musique. L'harmonie du banquet ne vaut certes
pas, proportion gardée, celle de l'Opéra. La voix
de l'orateur, qui n'a en face d'elle, pour caisse
harmonique, que du veau plus ou moins cuit,
réfléchit forcément la résonnance flasque ren-
voyée par les corps mous. On attribue à ce vice
d'acoustique l'effet toujours manqué des discours
réformistes. Cependant, on ne sert pas du veau
en face de la tribune nationale, et les choses ne
laissent point que de s'y passer exactement de la
même manière. Je livre au monde savant l'explication de ce phénomène. Après les comédies politiques du voyage de Gand, Pritchard, la corruption et les banquets réformistes, une honnête récompense est promise à celui qui devinera
le titre de la pièce nouvelle pour l'an de grâce

1848, destinée à enrichir le répertoire de l'Op-position.

La reprise des réformes donnera un moment l'espérance aux avocats sans cause et aux méde-cins sans clientèle, incapacités avérées de la so-ciété, de pouvoir demander à l'intrigue, à l'exi-gence politique, une position que leur nullité, leur inconduite ou leur paresse les empêche de se faire. Les gobe-mouches qui se figurent que tous les fonctionnaires publics, les aides-de-camp du Roi, sont nécessairement de mauvais citoyens, salueront par un gros rire bien hébété les lourds et éternels sophismes destinés à chas-ser du parlement ceux qui précisément donnent les meilleures garanties au maintien des libertés publiques et du trône de Juillet. Les mœurs po-litiques auront fait un grand et utile progrès chez nous, lorsqu'on traitera moins en adver-saire perpétuel le Gouvernement du Roi. Si pré-tendre que tout est bien est un ridicule axiome de la politique servile, soutenir que tout est mal réalisé, à coup sûr, une absurdité plus énorme. Le citoyen indépendant et sage se place à distance égale de ces deux extrêmes, afin de juger impartialement tous les actes du pouvoir. Si le mal lui apparaît, il le dénonce et y fait de l'opposition, selon la part légale qui lui est dévolue. Mais aussi, lorsque le bien se produit (c'est évidemment, quoi qu'on en puisse dire, l'état normal de tout gouvernement régulier), le nier et s'y opposer est un mensonge et l'acte d'un mauvais citoyen. Il est pénible de faire observer que, sous ce rapport, les Anglais sont encore beaucoup plus avancés que nous. Dans ce pays de rationnalité et de calcul, l'Opposition ne nie jamais le bien évident des actes du Gouvernement. Plus jeunes que nos voisins dans l'exercice si difficile des droits politiques, espérons que nous comprendrons peu à peu que le Gouvernement, qui résume les intérêts de tous, ne devra être traité en ennemi que lorsque ses actes autoriseront évidemment une pareille attitude. Il en est de la liberté comme des biens matériels de la fortune, à l'occasion desquels un adage proclame avec raison, qu'il est plus difficile de conserver que d'acquérir. Si la liberté perdue se réveille inévitablement à un jour donné, gardons-nous d'oublier que la licence, sa plus mortelle ennemie, peut la faire sommeiller bien longtemps !..... Le faux libéralisme est l'éteignoir du progrès politique.

Les projets de réforme, comme on l'a dit souvent avec raison, sont une arme de guerre destinée à recruter des auxiliaires lors des élections générales, afin de déplacer la majorité. C'est le recrutement intéressé des importants et des mendiants politiques à tous les degrés. En raisonnant dans l'hypothèse de l'adoption des deux réformes dont il s'agit, est-il probable que le corps électoral acquît plus de valeur ; que , par voie de suite, le parlement fût plus constitutionnel , plus indépendant, en définitive, que le pays y gagnât quelque chose ? Non , mille fois non. Savez-vous quels sont ceux qui croyent le moins à l'utilité des réformes électorales et parlementaires ? Précisément ceux qui les proposent. Ces agitateurs provisoires et intéressés savent à merveille que, le jour où ils arriveraient au Ministère , ils n'auraient pas oublié les formalités de l'acte d'inhumation qu'ils réservent avec raison à ces êtres inviables, conçus *in extremis* de leur ambition. Dans le cas où une sorte de respect humain les condamnât , comme Ministres , à faire de ces réformes l'objet d'une proposition, ils n'ignorent pas davantage que la Chambre des Pairs leur viendrait bien vite en aide (si la Chambre des Députés s'était prononcée pour l'adoption), en vidant, par un rejet, l'ordre du jour hypocritement surchargé des misères précitées.

Maintenant , qui me fera l'amitié de me dire , la main sur la conscience, si ces projets de réformes sont réellement l'expression d'un besoin public ? si la France s'en préoccupe sérieusement et le réclame ? Non. Dira-t-on que de nombreuses pétitions, revêtues de beaucoup de signatures, les sollicitent vivement ? Pourrait-il arriver qu'on eût le triste courage d'invoquer les manifestations ridiculement avortées des récents et malencontreux banquets réformistes ? La chose est peu probable : un point d'appui dans le ridicule ne se présume point. Ce serait, dans tous les cas, un mensonge de plus. Nous savons tous comment se passent ces sortes de choses. Quand l'esprit de parti , une opinion politique belligérante quelconque , ont besoin de démonstrations , de signatures , chaque parti en récolte autant qu'il lui plaît. Qu'est-ce que cela prouve? De l'intrigue , et pas autre chose.

Il n'est pas un esprit sérieux, indépendant et consciencieusement dévoué à la monarchie de Juillet , qui ne convienne avec franchise de l'inutilité et du danger actuel des réformes politiques. Pour preuve de ce que j'avance, j'oserais m'en rapporter à la décision d'un des hommes les plus considérables de l'Opposition par le caractère , sa haute position dans l'Etat, et par une science de légiste hors ligne: c'est déjà avoir nommé l'honorable M. Dupin. Eh bien ! demandez à ce profond jurisconsulte , à ce citoyen qui a brillé et vieilli dans nos diverses assemblées législatives , s'il considère comme une bonne chose votre double projet de réforme électorale et parlementaire ? Je vous porte le défi de me prouver que , sur ce point , il soit de votre avis. Quoi ! vous appelez réforme progressive, la faculté de faire un électeur à vie d'un détenteur de diplôme plus ou moins intrigant , incapable ou ruiné, à côté d'un censitaire attaché au sol, désintéressé, lequel perd son droit par le déficit d'un seul centime dans la cote de ses contributions? Mais , en cela , vous dérogez au grand principe d'égalité devant la loi, base essentielle de notre droit public. A ce point de vue, votre projet est évidemment inconstitutionnel. Maintenant, un mot, un seul mot, concernant votre projet de réforme parlementaire. Comment ! Messieurs , vous vous proclamez les partisans par excellence de la liberté , et vous nous proposez de procéder par voie d'exclusion, en attaquant, en humiliant des droits acquis ? La liberté du vote, appliquée à l'éligibilité, n'est donc qu'un vain mot pour vous , obligé de s'allonger ou de se restreindre , comme de la gomme élastique, selon les caprices de votre bonne ou mauvaise fortune politique ? Les libéraux sérieux envisagent ces questions tout autrement que vous : ils ont raison. Pour ma part, je ne connais qu'un seul moyen raisonnable d'arriver à

une réforme, lorsque l'opportunité en sera dé-
montrée , c'est uniquement par l'abaissement
du cens. De cette manière, la réforme parlementaire se trouverait implicitement prévue par la
réforme électorale. Procéder par voie d'exclusion , ce serait mettre le corps électoral en sus-
picion de servilisme. On ne croit point à la
liberté de son pays, en professant sérieusement
de pareilles doctrines. Direz-vous, malgré tout ,
que c'est précisément de la liberté qu'il vous
manque ? Mais remarquez que la Charte de 1830
constitue la législation de droit public la plus
libérale du monde entier. La liberté anglaise ,
elle même, ne serait qu'un leurre pitoyable, si ce
grand peuple ne savait s'en contenter. Sa liberté
pèche par la base essentielle de l'égalité : cela
est positif; mais, encore une fois, ce peuple in-
telligent et patriote , obéissant à l'aristocratie si
éclairée de ce pays , il arrive que les destinées
du monde résident dans les mains colossales de
cet habile Gouvernement. Que pensez-vous de la
république fédérative américaine ? Vous savez
qu'elle a des esclaves. Cette institution vous sé-
duirait-elle? Je pense que non. M'objecterez-vous
que les anciennes républiques de la Grèce et de
Rome avaient également des esclaves ? Il serait
trop facile de vous répondre , que c'est ce qui
prouve encore ques ces républiques étaient réel-

lement moins libérales que notre monarchie constitutionnelle de Juillet.

Oui, nous le redisons avec une profonde conviction, la Charte de 1830 résume le système de droit public le plus libéral de l'univers. Savez-vous quel est son vice? Je vais vous le dire. Cela ne tirera point à conséquence, car malgré ce vice, qui disparaît chaque jour, nous ne discontinuerons jamais de la défendre et de lui obéir. Le vice, à mon avis, de la Charte de 1830 et des lois organiques qui en furent la conséquence, réside précisément dans la trop grande extension du principe de liberté. Ces concessions exorbitantes et prématurées ont devancé l'intelligence et les mœurs politiques du pays. Les législateurs de cette époque (qu'on me passe la vulgarité de l'expression) ont tout bonnement mis la charrette devant les bœufs. Vous trouverez dans ce fait l'explication de l'immobilité forcée du char gouvernemental. Il en résulte aussi la conséquence nécessaire, que le progrès rationnel ne peut consister qu'à élever peu à peu la capacité intellectuelle des masses propriétaires au niveau d'un corps de droit public évidemment trop avancé; et cela, au moyen d'un système tout-à-fait sérieux d'instruction populaire. Ce résultat une fois obtenu, on marchera, sans dangers, vers tout progrès possible. C'est ainsi que, par une sage et politique résistance, le parti borne se trouvera, en fin de cause, avoir rendu d'immenses services au parti borné.

Des réformes avortées encore une fois, à des tracasseries quotidiennes, sans portée, la transition s'opérera naturellement et sans effort. Les petites taquineries des débuts de séances contre le Président, de ce que la salle est déserte, que l'aiguille de la pendule a dépassé deux heures, qu'il importe d'ordonner l'appel nominal, et autres pauvretés de ce genre, continueront à être exploitées, en présence des banquettes du Palais-Bourbon, par la faction des becs-cousus lorsque la Chambre devient nombreuse.

Un peu plus tard, l'Opposition éprouvera le besoin d'élever le débat. En conséquence, on recommencera la grande guerre contre la politique intérieure et extérieure du Cabinet. Selon l'usage (nous pouvons dire antique et solennel), un discours sur l'honnêteté en général, et la corruption en particulier, composé depuis douze ans, et douze fois débité à la tribune nationale, ou dans les banquets réformistes, sera redébité pour la treizième, en l'an de grâce 1848. Si vous trouvez la chose amusante, j'en suis ma foi bien aise, à condition que vous vouliez bien me permettre de m'échapper par la tangente de la salle des conférences, ou autres dépendances quelconques du palais de la Chambre.

Les accusations relatives aux fraudes électorales seront reprises avec un soin particulier. La grande théorie de l'enquête applicable à volonté, selon tous les systèmes connus jusqu'à ce jour, sera l'objet d'une sollicitude spéciale. L'Opposition en fera une question de spécifique à tous les maux qui désolent la société. La récolte des céréales a été magnifique. Les semailles n'ont rien laissé à désirer. La subsistance du peuple est heureusement assurée à un prix modéré durant toute l'année. Les travaux publics, ceux de l'agriculture et de l'industrie, ne trouvent point assez de bras. L'élévation des salaires en est la conséquence forcée. La France est heureuse, tranquille, libre et prospère. Cet état de choses favorise médiocrement le vertueux système : « *Ote-toi de là, que je m'y mette.* » Il conviendra donc d'aviser au moyen d'inventer une situation simulée à crever de faim avant six mois. En conséquence (la chose est arrêtée et convenue d'avance), les semailles seront manquées. De là, impossibilité physique d'obtenir de bonnes récoltes pour 1848. Un hiver rigoureux, prédit sur le modèle de celui de 1830, par un astrologue politique, devra infailliblement ravager la vigne et une portion notable de toute l'économie forestière. Les pommes de terre ne pourront point se dispenser de continuer à être malades. Ce tubercule souterrain, et presque sournois, a révélé, depuis quelques années, des facultés politiques inconnues jusqu'à ce jour ; il est devenu, en conséquence, partie intégrante du programme de l'Opposition. La carotte, dit-on, sera soigneusement expérimentée à son tour, afin d'en tirer quelqu'une au Ministère ; en un mot, le végétal appartient au domaine de l'Opposition. Ces questions subalternes de politique potagère, intérieure, j'ai presque dit de pot-au-feu parlementaire, continueront à être confiées au petit commerce de parole des menus avocats de la gauche. L'ancien se réserve toujours ce qu'il y a de mieux : au conscrit le fretin, c'est la règle. Ces thêmes d'intérieur, cette parade de la porte, seront exécutés, comme de coutume, sur le triple clavier du ton solennel de la Cour d'assises, du sérieux gommé usité près les Chambres civiles, et de la légèreté particulière aux audiences correctionnelles. Selon l'usage, on écoutera peu, on bâillera beaucoup, et les pompiers, qui occupent constamment les tribunes hautes, seront seuls à déplorer l'effet manqué de ce genre d'éloquence excessivement judiciaire, et pas assez délibératif. N'importe, un peu plus tard, quand M. Guizot (lisez l'homme de l'étranger, c'est de

rigueur) sera fatigué de l'inqualifiable indiscré-
tion de rester si longtemps au pouvoir, alors ces
farouches tribuns, laissant majestueusement
tomber leurs robes, endosseront, sur-le-champ,
celles qui se portent dans nos Cours et tribunaux. En attendant, ils se disent à eux-mêmes,
en parodiant le jeu de mots d'un comique connu :
Je suis tribun, mon opposition est tribune, et
nous aurons de petits tribunaux.

> « Ah! qu'on est fier d'être Français,
> « Quand on regarde la colonne !!....

Des doublures, passons aux premiers sujets
parlementaires. Si j'avais une muse, ce serait
ici le cas de lui détacher une grosse invocation.
Je lui dirais, en prose plus ou moins poétique :
Attention au commandement! Lève-toi, redresse-
toi, élève-toi, cambre-toi, même renverse-toi,
car nous allons parler des grands orateurs!!
Viens à mon aide; fais que la narration me soit
brève et légère; brève surtout. Les longueurs
tordent mes nerfs, comme le feu crispe les
cordes de violon. Je serai reconnaissant, ô muse!
Je t'en donne mon billet de série!... Sais-tu bien
ce que c'est qu'un billet de série? Comme la
chose serait longue à narrer, qu'il te suffise
d'apprendre, ô ma muse! qu'avec ce morceau
de carton, vulgairement appelé billet d'entrée,

on peut pénétrer dans les tribunes basses, quand il y a de la place. C'est, si je ne m'abuse, passablement clair. Mais revenons au sujet, et dépêchons-nous. La critique des actes de la politique extérieure est invariablement confiée aux premiers ténors de l'Opposition. Les choristes ne se donnent jamais ces grands airs. Si un simple figurant, même avocat, s'avisait de toucher cette corde, la carrière des fonctions politiques ne s'ouvrirait jamais pour lui : adieu, monsieur le procureur du roi ; bonsoir, monsieur le conseiller, et assez causé, monsieur le président. On ne s'y fie pas, c'est prudent. *Partant pour la Syrie,* air connu, sera varié autant que les redites pourront le permettre. Les Druses, les Maronites, et l'inévitable émir Béchir (nom très-peu poétique), habitués aux variations, ne seront nullement surpris de toutes celles qu'on pourra se permettre sur leur compte. Au moment le plus chaud de la séance, une gamme chromatico-oratoire, lancée de la tribune comme une fusée volante, fera le tour du monde, en laissant tomber des notes politiques sur toute la ligne. L'univers en sera un instant entièrement illuminé, en même temps qu'au palais Bourbon le lustre, seul, viendra éclairer la Chambre. Les portes transparentes de l'Orient ainsi ouvertes, le débat tournera insensiblement au prosaïsme.

Les dernières négociations en Italie, à Madrid et à Athènes, attestent jusqu'à l'évidence l'habileté, la prudence et la fermeté de notre diplomatie. L'influence de l'Angleterre a été vaincue. Lord Palmerston avait partout semé des perfidies, partout il n'a récolté que des échecs. Il fut plus heureux en 1840; mais les temps sont changés, et les hommes aussi. Certes, le Cabinet de Londres a été rarement plus malheureux. Si l'Opposition, quand elle était au pouvoir, avait réalisé le quart des triomphes diplomatiques obtenus par M. Guizot, tous les genres de glorification eussent paru insuffisants pour de si grands services rendus à la politique de la France. Mais qu'importe la vérité, l'évidence, le succès de nos négociations pour les opposants? *Lâchez vos portefeuilles, ou laissez-moi mourir; prenez mon ours !* voilà leur idée fixe. Vous allez peut-être vous figurer que nos avantages diplomatiques obtenus à Madrid et à Athènes, vont empêcher l'Opposition de soutenir, avec son aplomb accoutumé, que la politique de la France est à la remorque de celle de l'Angleterre ? Détrompez-vous. L'Opposition, d'ailleurs, aime à se servir du mot *remorque*. Il est scientifique, nautique et satirique. En introduisant le susdit dans le commerce de la librairie (toujours dans l'intérêt exclusif de notre belle patrie), on vous prend tout de suite pour un ancien élève de l'école Polytechnique, un capitaine de vaisseau en retraite, ou pour un membre de l'Académie des sciences. Quel bonheur pour le rédacteur, bachelier ès-lettres refusé quatre fois !

Quand on discute les questions relatives au ministère des affaires étrangères, on est arrivé à la saison des voyages. Le discours politique est, tour-à-tour, une chaise de poste et un bateau à vapeur (à vapeur surtout), qui vous permet de parcourir le monde économiquement et sans danger. Selon votre bon loisir, vous insurgez les nations que vous précipitez sur leurs gouvernements, au même instant où vous prenez le verre d'eau sucrée inamovible déposé à côté de vous sur la tribune. Les gouvernements s'en tirent comme ils le peuvent ; ça ne vous regarde plus, dès que chaque État en particulier a osé commettre la haute imprudence de repousser les principes que vous professez, ô homme excessivement politique ! je dis excessivement. Le spectacle des grandes guerres continentales serait-il de nature à flatter votre passion belliqueuse pour la lecture des bulletins, pendant que vous prenez tranquillement votre café au lait au coin du feu, les pieds dans vos pantouffles fourrées ? Vous seriez, parbleu ! bien bon de ne point vous donner cette satisfaction. La chose est facile ; voici la recette : Prenez cinq cent mille Russes, combinés avec quatre cent mille Autrichiens, que vous saupoudrerez avec une décoction proportionnelle d'Anglais, de Prussiens, d'Allemands, de Suisses, d'Espagnols, d'Italiens et de Portugais ; mêlez le tout avec quarante-neuf projets de constitution et trois cent cinquante mille Français seulement ; ensuite avalez. Les Français ? Non ; tout, excepté eux. Adjoignez-vous des capacités, si les vôtres vous paraissent insuffisantes. Dès que la France s'ennuie, s'attriste, ne vous gênez point, amusez-vous. Les mères seules pleureront leurs enfants.

Puisque l'honorable voyageur se trouve encore sur le continent européen, nonchalamment étendu dans sa chaise de poste, il en visitera toutes les capitales. A son retour, il éprouvera le besoin d'interpeller M. le Ministre des affaires étrangères concernant les millions que S. M. l'empereur de toutes les Russies a osé placer en Angleterre, sans, au préalable, la susdite Majesté, avoir sollicité et obtenu des avocats opposants de la ville de Paris, une consultation écrite sur du papier timbré, dans le sens de l'audacieux placement dont il s'agit. Quant aux millions que le précité monarque a jugé à propos de placer en France, avec l'affranchissement de la haute approbation des puissances belligérantes du même barreau basochico-politique, il va sans dire que les autocrates millions seront accusés de recevoir la destination d'acheter tous ceux qui ne pensent point à renverser le Ministère.

La question des mariages espagnols sera remaniée. M. le Ministre des affaires étrangères aura sa responsabilité débitée de l'anarchie permanente qui dévore ce malheureux pays, ainsi que des nuages qui ont momentanément obscurci le ménage royal. La réconciliation ne laissera point que d'être incriminée également. Le même Ministre sera la cause que le Portugal continue à être une métairie de l'Angleterre. Il aura, en outre, mal compris et secondé la politique libérale du Gouvernement pontifical. Vous avez déjà deviné que l'honorable M. Guizot sera charitablement accusé d'avoir fait le jeu de l'Autriche. En Suisse, son erreur aura été encore plus criminelle. Notre influence au-delà du Rhin, misérablement ruinée, depuis plusieurs années, par la déplorable suffisance de ceux qui ont plusieurs fois soutenu que l'apparition d'un uniforme français sur les bords du Rhin soulèverait toutes les provinces rhénanes, figurera dans le passif de M. le Ministre des affaires étrangères. Pour peu que le débat s'anime, M. Guizot, versé dans la connaissance des langues, sera déclaré l'auteur des paroles de l'hymne de Becker. Ces diverses imputations seront victorieusement démontrées, selon les règles d'une logique spéciale dont l'Opposition, seule, connaît et pratique le secret.

Après avoir exploré l'Europe, l'honorable membre remise sa voiture de poste à Toulon, et s'embarque pour l'Algérie sur le bateau le *Grondeur*. Il est à peu près certain qu'il ne sera point sorti des murs de la ville d'Alger, ce qui ne l'empêchera point, à son retour, de parler du plus obscur recoin de notre colonie. Le maréchal Bugeaud y a laissé de glorieux souvenirs. Il se gardera bien d'en dire un seul mot, de crainte que le Ministère pût y trouver implicitement sa légitime part de mérite. Le fils du Roi..... chut ! l'Opposition en pense beaucoup de bien (cette fois elle a sérieusement raison), mais elle ne souffre pas qu'on le dise tout haut, ce qui la replace bien vite dans son tort : l'empire de l'habitude est véritablement irrésistible.

La Grèce, l'Egypte, l'empire ottoman, les deux Amériques, et surtout l'Angleterre, devront fournir leur contingent d'une importation de dénigrement quelconque. Après ce voyage politique, par terre et par mer, l'orateur achèvera de boire son verre d'eau, il descendra de la tribune ; ses nombreux amis le féliciteront, lorsque ses beaucoup plus nombreux adversaires auront

déjà oublié son magnifique discours : les monarchies sont presque aussi ingrates que les républiques !

Puisque j'ai presque invoqué *musa*, la muse,
considérant (terme de pratique) qu'elle s'est,
pour ainsi dire, levée, redressée, élevée, cam-
brée et à demi renversée, le tout afin de m'être
agréable, je me crois, en quelque sorte, obligé
de lui parler en vers de la situation, pour mieux
compléter le tableau. Moins je serai poète,
croyez-le bien, et plus je cours la chance d'avoir
le sens commun. Cela posé, allez, ma muse ; ne
vous gênez point, vous savez, d'ailleurs, que *ce
qui ne peut point être dit, se chante :*

« Si d'écrire au public l'homme sage se mêle,
« Sa critique, toujours, demeure impersonnelle.
« Les périls incessants de l'actualité
« Menacent le pouvoir et non la liberté.
« La presse, qui devrait n'être qu'un sacerdoce,
« Se perd dans le trafic d'un cynique négoce,
« Escomptant le retour d'autres gens au pouvoir,
« A tous les appétits obligés de pourvoir.
« Un seul tyran debout, nous tourmente sans cesse,
« Je le dis à regret, ce tyran..... c'est la presse.
« Il est triste de voir la diffamation,
« Amoindrir forcément son opposition,
« Obligeant le pouvoir, tenu de se défendre,
« D'ajourner un progrès qu'il faut encore attendre.
« L'écrivain du journal, par l'excentricité,
« Produit seul, dans l'État, son immobilité,

« En confondant toujours le vrai patriotisme
« Avec l'entraînement d'un gros radicalisme.
« Oui, si le journaliste a perdu tout pouvoir,
« C'est que son cabinet n'est plus qu'un lourd comptoir
« Où l'on va trafiquer au journal politique,
« Comme le compagnon qui change de boutique.
« Demeurez convaincus, messieurs les opposants,
« Que notre Cabinet n'eût pas duré sept ans,
« Si la corruption, si souvent reprochée,
« Eût été, par son fait, en système érigée.
« Des vendeurs, des vendus, nos annales avares,
« Nous offrent, par bonheur, les cas constamment rares,
« Et de l'honnêteté, les grands monopoleurs,
« Descendent forcément au rôle de menteurs :
« On voit avec dégoût les efforts de l'envie
« Assiégeant le pouvoir avec la calomnie.
« Non, personne n'admet que le pays légal
« Dans les gens du pouvoir trouve un tout immoral ;
« Car chacun sait par cœur la maxime sensée,
« Que par l'exception la règle est confirmée.
« Mais ravisez-vous donc, et devenez richard,
« Dussiez-vous contracter au pays de Pritchard.
« Ayant ainsi soigné votre petite affaire,
« Vous évitez l'excès de l'amour populaire ;
« D'ailleurs, vous conviendrez qu'il est fort amusant
« D'avoir de beaux chevaux, un hôtel élégant,
« De pouvoir disposer d'un énorme douaire,
« Le tout payé comptant par l'avare Angleterre.
« Puritains défroqués, épousez donc bientôt,
« Afin que la raison vous vienne par la dot :
« Jusque-là, convenez que la chose publique
« Ne peut fonder sur vous nul espoir politique.
« Vous êtes toujours prêts lorsqu'il faut démolir,
« Mais vous disparaissez quand on doit maintenir.
« Il n'est pas surprenant, qu'agissant de la sorte,

« Le pouvoir constamment ne vous ferme sa porte :
« Aussi, pour mieux fixer vos chances de succès,
« Devenez moins Romains, mais un peu plus Français.
« L'un de vous, au palais, dissertant sur la foudre,
« Dit que sous Frédégonde on inventa la poudre (1).
« Depuis, on sait pourquoi ce légiste en renom
« Plaça le droit public après le droit canon.
« Pour un pareil service, il faut bien reconnaître
« Que de l'artillerie il deviendra grand—maître,
« Et la capacité de ce grand citoyen
« Tout juste égalera celle de l'historien.
« Tel commerçant de vins voterait à merveille,
« Si la majorité se mettait en bouteille.
« D'autres à la tribune ont le triste pouvoir,
« De transformer la Chambre en un vaste dortoir :
« On les dit travaillés du projet satanique
« De tuer le pouvoir par un soporifique.
« Il est par trop aisé de ne point réussir
« A vaincre l'ennemi qu'on est sûr d'endormir.
« Bazile, mon très-cher, vous allez sans chandelle,
« Et de la bonne foi vous montrez la ficelle.
« Votre sophisme lourd, mille fois répété,
« Fait comme le zéro mis devant l'unité.
« Nous savons comme vous, ô révérend compère,
« Qu'un principe se perd alors qu'on l'exagère.
« Quant au droit de voter, retenez, en un mot,
« Que, politiquement, tout le monde est un sot.
« Regardez celui-là, caché dans un nuage,
« Refaisant, s'il se peut, son grave personnage ;
« Il apprend, un peu tard, qu'en fait d'opinion,
« Le bon sens n'admet pas la déviation,
« Et qu'un grand ascendant donné par un système
« Gauchement déserté, se perd à l'instant même.

(1) Historique.

« De tel autre orateur je ne dis point de mal ;
« Du politique creux c'est l'honnête idéal :
« De sa voix caverneuse excitant la rudesse,
« Des partis discordants il est la grosse caisse.
« Son discours au bon goût a constamment failli,
« Empruntant beaucoup trop l'emphase d'un bailli :
« On dirait que l'on voit, dans ce tribun qui tonne,
« Alexandre-le-Grand entrant dans Babylone ! !
« Monsieur le conseiller veut être président
« Afin de compléter le titre outre-cuidant.
« S'il jugeait sainement son gros patriotisme,
« Il n'y découvrirait qu'un honteux égoïsme.
« Quand, de près ou de loin, vous tenez au pouvoir,
« Le rôle d'opposant hurle avec le devoir ;
« L'ami constant de l'ordre et de la paix publique
« Ne mange pas le veau du banquet politique.
« Oui, j'en connais aussi dont l'incroyable tort
« Est d'écraser le faible et d'épargner le fort ;
« Qui, tour-à-tour dévots, mécréants, rétrogrades,
« Donnent à trois budgets de rudes accolades,
« Et conduisent de front la popularité
« Avec un traitement en écus bien compté.
« A de telles vertus, encaissant de la sorte,
« Si je donne ma voix, que le diable m'emporte.
« Au combat de Juillet, monsieur fut très-hardi...
« Le trente, entendez-vous, lorsque tout fut fini.
« De sang-froid il verrait la Pologne asservie,
« Si l'on eût épargné l'endroit de Cracovie.
« Pourtant, aux barricades, on doit en convenir,
« Il se rendit exprès pour les voir démolir.
« Son ruban de Juillet, pour peu que l'on y songe,
« Fut une prime ouverte au profit du mensonge,
« Car on sait qu'à ce prix, tous les ordres connus,
« A son frac, carrément, brilleraient suspendus.
« Ce courage civique est une des boutades

« Qu'on nomme à Moncrabeau (1) la fleur des gasconnades !
« Avec moins de vergogne, il faut en convenir,
« Personne n'abusa du grand art de mentir.
« Lorsqu'on sauve l'État d'une façon pareille,
« On comprend aisément qu'on se porte à merveille.
« Jadis on critiquait les libéraux félons
« Qui dotèrent Paris d'un cercle de moellons.
« Convenons cependant que, pour l'indépendance,
« On ne put mieux servir l'intérêt de la France.
« Il semble que depuis cet acte colossal,
« Leur cerveau fatigué n'ait rêvé que le mal :
« En ingrats parvenus leur esprit s'ingénie,
« A déchirer le sein de la mère-patrie.
« Enseignant aux partis , pressés de démolir,
« Comme, avec le pouvoir, il se peut d'en finir.
« A leur avènement on nous verra souscrire,
« Quand l'esprit pourra', seul, bien gouverner l'empire ;
« Mais leurs communs efforts resteront superflus :
« Le pays n'en veut pas, le centre n'en veut plus.

Avant de terminer, faisons, à notre tour , la leçon au pouvoir , puisque tout le monde s'en mêle. Dès que les fonctions de Ministre sont un mandat , sachons pardonner les fautes légères , en demeurant sans pitié pour les fautes lourdes. A l'exception des réformes politiques, nous en désirons d'une autre nature. Voici donc, sur ce point, notre avis au public et au pouvoir.

Au-dehors , la continuation de la paix armée , toujours prête à faire respecter l'honneur, l'indépendance et les intérêts du pays. Travailler

____

(1) Métropole des menteurs.

sans cesse à se ménager des alliances, afin d'é-
viter qu'au jour d'un grand conflit européen, la
France ne fût encore réduite à accepter la bataille d'un contre tous. La politique du Cabinet
de Londres s'efforcera éternellement de nous jeter dans cette situation, quelle que soit d'ailleurs la nature de nos rapports actuels avec elle :
c'est une des fatalités de son gouvernement commercial. La France ferait de la propagande, si
l'Europe s'armait contre l'indépendance de son
Gouvernement; mais se livrer à cette menace
en temps de paix, constitue, à mon avis, la faute
la plus lourde commise par l'Opposition. Le don-
quichottisme et le sentimentalisme ont fait leur
temps. Aujourd'hui, la raison d'Etat doit trouver
son inspiration dans un ordre d'idées plus positif. L'amour de la gloire, lui-même, peut avoir
son égoïsme dont il convient de tenir compte.

A l'intérieur, la police des factions, la morali-
sation de la société, et l'équilibre du budget, me
semblent devoir être les préoccupations capitales
du Cabinet. Pour ma part, j'avoue hautement
une prédilection marquée pour les Gouvernements forts. Qu'on ne perde jamais de vue que,
selon les publicistes les plus avancés, la liberté
est dans la force du pouvoir. Le faible compro-
met tout et ne protège rien. La nature des choses le veut ainsi. Les opinions dissidentes ne

doivent se mouvoir que dans le cercle légal. elles en sortent, le devoir incessant du Gouvernement consiste à les y faire rentrer. La pratique contraire métamorphose , de proche en proche , les opposants en factieux. Cette action publique sur les partis est difficile, délicate, pénible , je l'avoue , mais en elle résident les éléments essentiels de la science gouvernementale.

La richesse, les intérêts matériels ont besoin d'être constamment protégés, éclairés, encouragés dans le sens du développement le plus rationnel de la fortune publique ; mais réservons soigneusement la glorification pour l'honneur, le patriotisme et la vertu.

Tout déficit est un désordre. Un gouvernement prévoyant cesserait de mériter cette qualification, s'il ne travaillait d'une manière incessante à le faire disparaître par l'économie dans les crédits votés, la discrétion dans les dépenses à proposer, et une plus active sollicitude dans la bonne administration des recettes et des dépenses.

Un budget de seize cents millions ne doit être que provisoire. On peut dire hardiment que cette colossale perception annuelle n'est pas en rapport avec la fortune publique de la France. Sa permanence finirait par énerver l'agriculture , l'industrie et le commerce du pays. L'impôt , a-t-on dit, est le meilleur placement. Il y a du vrai dans la hardiesse de cette maxime ; mais elle devient fausse, comme toute proposition trop absolue , surtout dans l'espèce, quand l'impôt affecte trop profondément les éléments reproductifs de la fortune publique. Il convient de ne point oublier davantage que l'impôt ne doit frapper que sur le superflu, et jamais le nécessaire. S'il en était autrement , il ne mériterait plus que le nom de spoliation organisée. Les fausses applications de la loi des patentes ont, un instant , compromis d'une manière grave l'autorité morale du pouvoir. Rien de plus équitable et de plus facile que d'écrire dans une Charte :

« *Les Français contribuent indistinctement ,*
« *dans la proportion de leur fortune, aux char-*
« *ges de l'Etat.* »

Oui, le principe est excellent ; mais dans son application, je ne connais pas de problème plus difficile à résoudre que celui de la proportionnalité en matière d'impôts. L'opération cadastrale et l'exécution de la loi des patentes se disputent à l'envi la démonstration de cette vérité. Il importe donc que ces difficiles questions demeurent perpétuellement à l'étude.

L'abus des travaux publics sur une trop vaste échelle a produit des conséquences onéreuses, telles que la précipitation, le défaut de surveillance, des fraudes dans les entreprises, les ré-

gies, l'irradiation désordonnée des capitaux, le
dol dans le jeu des actions, l'élévation des salaires et le dégoût, si funeste, des habitudes des
travaux agricoles. Il est injuste d'imposer au
présent la part des sacrifices à la charge naturelle
de l'avenir. Par malheur, les projets d'ensemble,
en matière de travaux publics, ont seuls des chances de succès devant les Chambres, vu qu'ils satis-
font une masse suffisante d'intérêts locaux. C'est
un malheur inhérent peut-être à l'essence de la
forme représentative. Après tout, les gouvernements, comme les particuliers, doivent savoir
vivre avec leurs inévitables infirmités.

Pour ce qui est des impositions locales, elles
égalent, en moyenne, à peu de chose près, le
tiers d'un rôle quelconque des contributions di-
rectes. Il n'est point rare d'entendre un citoyen
proposer à la commune, à l'arrondissement ou
au département, des impositions pour des routes
nouvelles, des ponts, des constructions de ca-
sernes, maisons communes, presbytères et
églises, en même temps que le même homme se
plaint amèrement du chiffre gonflé par lui-
même, écrit au bas de son avertissement. Dans
cet état de choses, il importe de couper court à
un abus dont l'ignorance ou la mauvaise foi en
font injustement remonter la responsabilité jusqu'au pouvoir central. C'est à celui-ci qu'appar-

tient le devoir et le droit de raccourcir une arme
qui arrive jusqu'à lui, en isolant les contributions de l'Etat dans les avertissements. Cette sage
précaution aurait dû être prise depuis longtemps.
Ces généralités une fois établies, je vais, moi
aussi, indiquer rapidement quelques réformes
utiles.

Les lois qui régissent l'enregistrement impo-
sent des taxes véritablement exorbitantes. Le
droit d'enregistrement des ventes d'immeubles,
fixé à 5 et demi pour cent, aux termes de l'art.
52 de la loi du 28 avril 1816, droit qui s'élève à
6 fr. 05 c. pour cent au moyen du décime, est
une de ces taxes qui paralysent les transactions,
en même temps qu'elles ruinent les familles. Il
en est de même des droits d'enregistrement concernant les donations entre vifs, les mutations par
décès, prévus par l'art. 33 de la loi du 21 avril
1832, lesquels varient, selon le degré de pa-
renté ou de non-parenté, depuis 2 jusqu'à 9 pour
cent, sans y comprendre le dixième. L'élévation
de pareilles taxes appelle une réforme. La loi ne
doit pas être usurière.

Pour peu qu'on se soit occupé d'économie politique, on sera forcé de convenir que nos tarifs
de douanes peuvent être remaniés, sans dommage pour le revenu public, en vertu du principe économique que le bon marché augmente

la consommation. Ici, je fais surtout allusion aux droits sur les cafés étrangers, qui dépassent la valeur de la chose imposée. Le règne de la chicorée devrait être fini depuis longtemps. Les droits excessifs, établis pour tenir lieu d'une sorte de prohibition, à titre de représailles, se conçoivent entre Gouvernements rivaux. Mais que la métropole rançonne elle-même ses nationaux, alors que l'abaissement des tarifs, augmentant la consommation, améliorerait son revenu et la condition des consommateurs, on se demande comment il se fait que l'Administration n'ait point encore essayé des réformes dont les conséquences pourraient être si avantageuses pour notre marine, au Trésor et aux particuliers.

Pour ce qui est du libre échange, il conviendra d'en user lorsqu'on sera fatigué de la prospérité de la France. Puisque ce sont des produits qui achètent d'autres produits, selon les principes de la science économique, il s'ensuit que l'Angleterre, produisant plus que nous, finirait par nous acheter en nous ruinant : demandez-en des nouvelles au Portugal.

La réforme postale a des chances assurées de succès, puisque personne n'en conteste l'utilité, et que le Gouvernement la proposera.

La loi des sucres est à refaire. Le salut de

notre marine et de nos colonies en dépend.

L'administration des tabacs peut facilement éviter le préjudice d'envoyer annuellement plusieurs millions à l'étranger, pour l'achat des produits exotiques. Ce moyen est d'une remarquable simplicité. Que la Régie me permette donc, sur ce point, un conseil d'ami. Comme ancien planteur, et surtout en ma qualité de consommateur formidable, j'ai peut-être quelques droits à sa confiance. J'aborde la démonstration. La courte argumentation à laquelle je vais me livrer, repose sur le principe incontestable que, pour toute culture, la quantité se produit invariablement en raison inverse de la qualité. Ainsi, la vigne qui donne beaucoup de raisins, le champ de blé d'une grande production, ne fournissent ces riches résultats qu'aux dépens de la qualité. Maintenant, vous pouvez hardiment tenir pour démontré que l'analogie est complète entre ces cultures et celle du tabac. Cela posé et admis, empressez-vous de distinguer entre la culture du tabac à fumer et celle du tabac à priser. Pour celle-ci, continuez à la laisser dans les terres grasses et fertiles de la plaine. Le produit n'aura point trop de *montant*. S'il en manquait, rien ne serait plus facile que de corriger ce défaut, par le mélange d'une poudre à sève légère et aromatisée. L'administration n'ignore point des choses si simples, qu'elle pratique, du reste, chaque jour, avec infiniment de succès.

Mon avis de réforme ne s'adresse donc qu'à la culture du tabac destiné à être fumé. A cet égard, il n'est point douteux pour moi que cette plantation ne doive exclusivement se faire que dans les coteaux, les terres légères, caillouteuses, ou les sables calcaires convenablement exposés. Il serait indispensable, afin d'échapper à l'exagération de la sève, d'ordonner que la plante demeurât toujours chargée de quinze feuilles, au minimum. Remarquez bien que la légèreté étant la condition capitale du tabac à fumer, vous n'obtiendrez ce résultat que par le choix des sols indiqués, en supprimant l'emploi du fumier, et en châtiant la plante par le port des quinze feuilles dont il vient d'être parlé. Les conditions de dessication au moyen du séchoir, et autres pratiques de culture et de fabrication bien observées, j'ose prédire, sauf les accidents des saisons, que les consommateurs trouveraient ces produits supérieurs à la qualité des tabacs dont on fabrique les cigares de 25 et 15 centimes. Qu'on tienne toujours en réserve pour les besoins de la jeunesse dorée, les meilleurs cigares de la Havane, à des prix aristocratiques, rien de mieux. Cette sage précaution n'empêcherait point notre agriculture de profiter de 8 à

10 millions qui émigrent chaque année de notre Trésor, pour aller payer une denrée que le sol de la France produirait infailliblement en qualité supérieure. Il est superflu enfin de faire observer que des essais doivent être tentés en Algérie. L'administrateur habile et connaisseur qui dirige cette branche si intéressante du revenu public, ne manquera point, j'en suis moralement certain, d'ordonner des expériences dans le sens que j'ai été forcé, à mon grand regret, d'indiquer si rapidement. L'adjonction de ces millions au profit de nos agriculteurs, serait, pour la fortune publique, une acquisition autrement fructueuse que celle des capacités.

La législation de 1831, tout en modifiant le régime des impôts indirects, a maintenu le système vicieux de l'Empire et de la Restauration. L'industrie vinicole, qui fait entrer annuellement la valeur d'un milliard dans l'actif de la fortune publique de la France, continue à être entravée, au mépris des principes les plus élémentaires de la science économique. Sur 46 millions d'hectares de terre, la vigne s'y trouve pour 2 millions, c'est-à-dire jusqu'à concurrence de la 23e partie du sol imposé. L'ensemble du territoire paie 4 fr. 50 c. par hectare, calculé sur une moyenne de 30 fr. de revenu. Le sol des vignes (chose incroyable, si le fait n'était point officiel-

lement établi) paie 60 fr. par hectare, au lieu
de 4 fr. 50 c., qui est, nous le répétons, le chiffre
moyen de l'ensemble du territoire imposé. De
telle sorte que, directement ou indirectement,
les vignes paient à l'impôt 160 millions, ou quatorze fois plus que les autres terres qui leur sont
supérieures en qualité. Telle est la situation au
point de vue du fisc. N'allez point vous figurer
que je groupe des chiffres arbitrairement et au
hasard; ces calculs ont été produits par l'administration cadastrale elle-même.

Maintenant, si le Gouvernement protégeait à
l'étranger les débouchés de cette colossale production, dans des conditions moins onéreuses,
il est impossible de prévoir les avantages immenses qui en résulteraient au profit de la ba-
lance générale de notre commerce. Qu'il s'agisse
de réformer en temps utile une législation fis-
cale si désastreusement impolitique, et les boules
indépendantes ne feront point défaut.

Je n'en finirais point, si je voulais énumérer
toutes les réformes utiles à introduire dans les
diverses branches de l'administration publique.
Ces problèmes si intéressants se résoudront
sans doute peu à peu, lorsque les dangereuses
indiscrétions des réformes politiques auront cessé
de gaspiller le temps des sessions législatives.
La croisade des cabarets, cette opposition à la

fourchette, qui vient d'avorter, d'un bout de la France à l'autre, aura probablement démontré, une bonne fois pour toutes, le discrédit complet des excentricités politiques. La tolérance des banquets réformistes a été peut-être une habileté gouvernementale. Une seconde épreuve serait une faute lourde.

Il m'est impossible de terminer, sans signaler une réforme qui améliorerait, au plus haut degré, la condition de l'administration municipale. Ici, l'Opposition ne sera pas davantage de mon avis : c'est un malheur, dont j'ai résolu d'avance d'être parfaitement consolé. Lorsqu'on a des convictions sérieuses pour le bien de son pays, on s'inquiète médiocrement de l'art de plaire à l'esprit de parti.

On sait que l'article 3 de la loi du 21 mars 1831 sur l'organisation municipale, contient la disposition suivante :

« Les maires et les adjoints seront choisis parmi « les membres du conseil municipal, et ne cesse- « ront pas pour cela d'en faire partie. »

Pour ma part, je désirerais qu'on remplaçât cette partie de l'article 3 par la rédaction suivante :

« Les maires et les adjoints seront choisis, « soit parmi les membres du conseil municipal, « ou parmi les électeurs inscrits sur la liste com-

» munale, et feront, dans l'un ou l'autre cas,
» partie du dit conseil. »

Cette dernière disposition législative aurait, sur celle qui nous régit, deux avantages principaux. D'abord, elle s'harmoniserait infiniment mieux avec la loi constitutionnelle, qui attribue au Roi la nomination à toutes les places d'une manière directe; et, en second lieu, les maires et adjoints y trouveraient, dans certains cas, une indépendance gênée par l'esprit de parti, perpétuellement armé de la menace d'une non-réélection. Il est raisonnablement impossible de soutenir que, dans certains cas, nonobstant les dissolutions réitérées du conseil municipal, les électeurs ne voulussent s'obstiner à réélire le même conseil, lequel pourrait ne contenir que des ennemis de nos institutions. Pour une éventualité si grave, il a été souverainement impolitique de désarmer le pouvoir royal. Les franchises municipales dégénèrent en mensonges nuisibles, lorsqu'elles tombent sous la tyrannie de l'esprit de parti. Dans la pratique, le vice de la loi que nous signalons se fait sentir chaque jour d'une manière déplorable. Sous aucun régime, on n'a vu descendre si bas l'influence des maires. Les bons choix deviennent de plus en plus difficiles. L'homme de quelque valeur craint souvent de la risquer dans la nécessité, presque toujours impossible, de faire marcher parallèlement les devoirs du magistrat et les exigences de la popularité. Je livre ces courtes réflexions à tous les hommes de bonne foi, et, pour ce qui est de leur complète exactitude, j'en appelle à tous les préfets de France.

Il est temps de se résumer et de conclure, par un dernier mot, sur la situation et la coalition. Lorsque celle-ci sera bien convaincue de son impuissance à renverser le Cabinet, soyez sûr qu'elle se dissoudra d'elle-même. Les divers accidents de la débâcle pourront être curieux. Après avoir gravement débuté par le genre sérieux, la fausse vertu, fatiguée de son héroïsme, pourra peut-être laisser percer le côté comique d'une spéculation manquée. Chaque parti, dès ce moment, rentrera dans son état normal, et les alliances monstrueuses affligeront beaucoup moins l'honnêteté publique. Hâtons-nous de remarquer toutefois que la coalition (chose détestable en principe) a fini par le résultat très-avantageux de l'amoindrissement de toutes les oppositions. En politique, tout frottement concerté entre opinions dissidentes produit inévitablement une sorte d'usure, en déteignant les unes sur les autres. L'adultère de ces misérables accouplements des partis a déjà reçu son châti-

ment par la flétrissure infligée par l'opinion pu—
blique. L'élément gouvernemental y gagne, en
définitive, les reculades forcées des convictions
dynastiques. Pour ce qui me concerne, j'avoue
que j'ai débuté par haïr vigoureusement le fait
de la coalition. Après en avoir mieux étudié les
conséquences réelles, je suis arrivé à l'opinion
contraire. Si je ne m'abuse étrangement, elle est
vaincue aujourd'hui plus que jamais. La majorité
ne fera point défaut au Ministère, s'il continue,
dans l'intérêt de la France, à prendre au sérieux
les destinées du parti conservateur. C'est ma
conviction profonde.

IMPRIMERIE DE LA CHAMBRE DES DÉPUTÉS.
A. Henry, rue Gît-le-Cœur, 8.

www.ingramcontent.com/pod-product-compliance
Lightning Source LLC
Chambersburg PA
CBHW061406060726
47597CB00003B/980